Angesichts der Menschenmenge, die in den sechziger Jahren Leszek Kołakowskis öffentliche Vorlesungen besuchte, stellte ein Reporter fest, daß »in Warschau nicht nur ein großes Bedürfnis nach Rindfleisch, Möbeln, Kühlschränken und Fernsehapparaten« bestehe, sondern offensichtlich auch »eine große Nachfrage nach Philosophie«. Gegen das Fernsehen hat der Philosoph selbst gar nichts, denn die 15 kurzen Vorträge, die dieses Buch vereint, hat er zuerst dort gehalten. Bei aller ihrer Leichtigkeit handelt es sich nicht um ein Denken zum ermäßigten Tarif, sondern es kommt eine besondere Fähigkeit Kołakowskis zum Tragen: die klassischen Themen der Philosophie auf ihren Kern zu reduzieren und in plastische Fragestellungen zu verwandeln. Seine Vision ist eine Welt, »in der die am schwersten zu vereinbarenden Elemente menschlichen Handelns miteinander verbunden sind, Güte ohne Nachsicht, Mut ohne Fanatismus, Intelligenz ohne Verzweiflung und Hoffnung ohne Verblendung«.

Leszek Kołakowski, geb. 1927, war Professor für Philosophiegeschichte in Warschau und Leitstern der intellektuellen Szene; er verließ Polen 1968 und ist seit 1970 Professor am All Souls College in Oxford. Er ist der international bedeutendste polnische Philosoph. 1977 erhielt er den Friedenspreis des Deutschen Buchhandels, 1991 den Ernst-Bloch-Preis.

Leszek Kołakowski

Mini-Traktate über Maxi-Themen

Aus dem Polnischen übertragen
von Dietrich Scholze

RECLAM VERLAG LEIPZIG

Mit einem Nachwort von Christian Heidrich

Diese Publikation wurde gefördert vom Polnischen Literaturfonds © POLAND mit Mitteln des Ministeriums für Kultur und Nationales Erbe der Republik Polen.

ISBN 3-379-01690-X

Titel des polnischen Originals: Mini-wykłady o maxi-sprawach

Reclam-Bibliothek Band 1690
2. Auflage, 2001
Reihengestaltung: Hans Peter Willberg
Umschlaggestaltung: Oberberg + Puder, Leipzig, unter Verwendung von M. C. Eschers Holzschnitt »Knoten« (1965);

Gesetzt aus Meridien
Satz: Document 2000, Satzstudio Annett Jost, Leipzig
Druck und Bindung: Ebner Ulm
Printed in Germany

Inhalt

Von der Macht 9
Vom Ruhm 15
Von der Gleichheit 21
Von der Lüge 27
Von der Toleranz 33
Vom Reisen 39
Von der Tugend 44
Von der kollektiven Verantwortung 49
Vom Glücksrad 55
Vom großen Verrat 60
Von der Gewalt 66
Von der Freiheit 72
Vom Luxus 79
Von der Langeweile 85
Mathematiker und Mystiker 92

Nachwort 100

Von der Macht

Als ein früherer britischer Lordkanzler im Fernsehen gefragt wurde, ob er gern Premierminister wäre, antwortete er mit einem gewissen Erstaunen: »Jeder wäre gern Premierminister.« Das wiederum erstaunte mich, denn ich glaube keineswegs, daß ein jeder Premierminister sein möchte. Es gibt viele Menschen, die durchaus keine solche Position anstreben – nicht nur, weil sie ohnehin keine Chancen haben, weil es für sie »saurer Wein« ist, sondern weil sie es für einen entsetzlichen Job halten: für eine große Anspannung und eine ungeheure Verantwortung, wobei von vornherein klar ist, daß man pausenlos angegriffen und verspottet wird, daß einem die schlimmsten Absichten unterstellt werden und so weiter.

Stimmt es also oder stimmt es nicht, daß »jeder« an die Macht will? Das hängt davon ab, wie weit wir den Sinn des Wortes ausdehnen. In der umfassendsten Bedeutung bezeichnen wir als »Macht« alles, was es uns erlaubt, auf unsere – natürliche oder mitmenschliche – Umgebung Einfluß zu nehmen. Ein kleines Kind, das zum erstenmal allein stehen oder gehen kann, gewinnt eine gewisse Macht über seinen Körper, und wir stellen fest, daß es ihm Spaß macht; zweifellos möchte jeder möglichst viel Macht über alle die Körperfunktionen behalten, die sich kontrollieren lassen, etwa Muskeln oder Gelenke. Wenn wir eine fremde Sprache oder Schach lernen, wenn wir schwimmen lernen oder mathematisches Wissen erwerben, so eignen wir uns Kenntnisse an, durch die wir einen bestimmten Bereich der Kultur beherrschen.

Ein so weitreichender Begriff von Macht ist zulässig, und deshalb gibt es auch Theorien, nach denen in der menschlichen Praxis alles dem Machthunger untergeordnet ist, all unsere Motivationen aus dem Streben nach Macht in den unterschiedlichsten Formen herrühren. Wonach immer wir streben, wir streben in Wahrheit nach Macht, sie ist die Urenergie des menschlichen Lebens. Wir begehren Reichtümer, denn Reichtum gibt uns Macht über Dinge und in gewissem – mitunter beträchtlichem – Maße über andere Menschen. Sogar Sex läßt sich in den Kategorien der Macht erklären, entweder weil wir dabei, wie wir meinen, den Körper des Partners und damit diesen selbst besitzen oder weil wir, im Besitz desselben, andere davon ausschließen und diesen Ausschluß, diese Demütigung der anderen genießen. Sex ist zwar ein Produkt der vormenschlichen Natur, aber die ganze Natur ist (gemäß diesen Theorien) von dem nämlichen Bestreben durchdrungen, das beim Menschen andere, kulturell geprägte Formen annimmt, doch im Ursprung dasselbe ist. Mehr noch, selbst altruistische Haltungen lassen sich so mühelos erklären: Wenn wir anderen Gutes tun, dann deshalb, um Kontrolle über ihr Leben zu gewinnen, das heißt, um teilweise Macht über sie zu erringen, auch wenn wir uns dieser verborgenen Motivation gar nicht bewußt sind. Alles im Leben ist demnach Streben nach Macht und sonst nichts, der Rest ist Selbstbetrug.

Solche Theorien, in ihrem Ansatz enthüllend, tragen den Anschein der Glaubwürdigkeit, erhellen aber nur sehr wenig. Alle Theorien, die das gesamte menschliche Verhalten aus einer einzigen Klasse von Motiven oder die gesamte soziale Ordnung aus einer Wirkungskraft erklären, lassen sich beweisen, aber gerade das zeigt, daß sie sämtlich untauglich und letztlich philosophische Konstrukte sind.

Was haben wir davon, wenn wir zum Beispiel sagen, ob der Mensch sich seinem Nächsten zuwendet oder ihn foltert – seine Motivationen sind dieselben, es gibt also keine rechtskräftigen Begriffe, mit deren Hilfe wir diese Dinge bewerten oder klar unterscheiden können, denn es handelt sich beide Male um das gleiche (diese Theorie nützt nur denen, die gern sagen: ich brauche mir aus meiner Niedertracht kein Gewissen zu machen, denn alle Menschen sind gleich). Eine ähnliche geistige Versuchung finden wir in jenen – heute seltenen, einst mächtigen – christlichen Geistesströmungen, nach denen wir stets Böses tun, solange uns die göttliche Inspiration fehlt, zwangsläufig aber Gutes, sobald wir sie besitzen. Die Konsequenz daraus ist, daß wir zur Hölle fahren, wenn wir diese Inspiration nicht haben, gleichgültig, ob wir unserem Nächsten helfen oder ihn foltern. Das galt für alle Heiden, selbst für die edelsten. In solchen Theorien wird immer nach einem Schlüssel gesucht, der alle Türen öffnet, alle Fragen löst. Doch einen solchen Schlüssel gibt es nicht, Kultur wächst durch Differenzierung, durch die Entstehung neuer Bedürfnisse und die Verselbständigung der alten.

Wenn auch jene Theorie, wonach in uns nichts steckt als die Gier nach Macht, naiv ist und wenig hilfreich, so wird doch niemand bestreiten, daß Macht ein äußerst begehrtes Gut darstellt. Wenn wir von Macht reden, dann meist in einem engeren Sinn als dem oben erläuterten, nämlich von Macht als der Verfügbarkeit über Mittel, mit denen wir – gewaltsam oder durch Androhung von Gewalt – das Verhalten von Menschen beeinflussen und entsprechend den Absichten eines (individuellen oder kollektiven) Herrschers regulieren können. Macht in diesem Sinne setzt die Existenz organisierter Machtinstrumente voraus, was in der heutigen Welt bedeutet: einen Staat.

Erstrebt jeder von uns Macht in diesem Sinne? Sicher möchte jeder, daß die anderen so handeln, wie er es für richtig hält, das heißt: entweder nach seinem Gerechtigkeitsempfinden oder zu seinem Vorteil. Daraus folgt jedoch nicht, daß ein jeder König sein will. Laut Pascal ist nur ein entthronter König unglücklich darüber, daß er nicht König ist.

Weil man weiß, daß Macht sehr häufig – wenn auch nicht ausnahmslos – korrumpiert, weil Menschen, die geraume Zeit beträchtliche Macht ausgeübt haben, am Ende glauben, die Macht gehöre ihnen von Natur aus, so wie die Macht früherer Monarchen angeblich von Gott war, und weil sie den Verlust von Macht als kosmische Katastrophe betrachten, weil der Kampf um Macht die Hauptursache von Kriegen und allen Scheußlichkeiten der Welt ist, deshalb sind halbgare anarchistische Utopien ausgebrütet worden, die ein Heilmittel gegen all das versprachen: die Abschaffung jeglicher Macht. Solche Utopien verkünden mitunter auch Denker, die dem Begriff Macht seinen umfassendsten Sinn verleihen, zum Beispiel daß die Macht der Eltern über ihre Kinder eine schreckliche Tyrannei sei. Daraus ergibt sich, wenn Eltern ihre Kinder die Muttersprache lehren, dann üben sie Tyrannenherrschaft aus, weil sie den Kindern die Freiheit nehmen, und am besten wäre es, sie im animalischen Zustand zu belassen, auf daß sie sich Sprache, Sitten und Kultur selbst beibringen. Der weniger absurde Anarchismus meint die Abschaffung der politischen Macht: Beseitigen wir alle Regierungen, Verwaltungen und Gerichte, und die Menschen werden sich ihrer angeborenen Brüderlichkeit erfreuen.

Zum Glück gelingt die anarchistische Revolution nicht auf Bestellung: Anarchie entsteht, wenn aus irgendwelchen Gründen alle Machtorgane zerfallen und keiner die Situation beherrscht; das Ergebnis ist unweigerlich, daß eine Kraft, welche die ungeteilte Macht für sich beansprucht – und die gibt es immer –, von dem allgemeinen Chaos und der Demoralisierung profitiert und die eigene despotische Ordnung installiert; das anschaulichste Beispiel dafür war die russische Revolution – die Errichtung der despotischen Herrschaft der Bolschewiken infolge allgemeiner Anarchisierung der Gesellschaft. Der Anarchismus steht praktisch im Dienst der Tyrannei.

Nein, Macht läßt sich nicht abschaffen, man kann lediglich eine bessere durch eine schlechtere ersetzen oder umgekehrt. Leider stimmt es nicht, daß alle Menschen Brüder wären, wenn es keine politische Macht mehr gäbe. Da die Interessen der einzelnen von Natur aus und nicht aus Zufall widerstreiten, da sich nicht leugnen läßt, daß wir ein Quantum an Aggression in uns tragen, da unsere Bedürfnisse und Gelüste ins unendliche zu wachsen vermögen, käme es nicht zu einer allgemeinen Verbrüderung, sondern zu einem großen Gemetzel, wenn die Institutionen der politischen Macht über Nacht verschwänden.

Im wörtlichen Sinne eine »Macht des Volkes« hat es nie gegeben und wird es niemals geben; sie ist rein technisch nicht durchführbar. Möglich sind lediglich Mechanismen, mit deren Hilfe das Volk den Mächtigen auf die Finger schauen und sie austauschen kann. Freilich, wenn die Macht bereits besteht, unterliegen wir zahlreichen Beschränkungen und haben in vielen wichtigen Fragen keine Wahl; wir haben nicht die Wahl, unsere Kinder zur Schule zu schicken oder nicht, Steuern zu zahlen oder nicht, die Fahrerlaubnis zu erwerben oder nicht (falls wir chauffieren wollen) und tausenderlei mehr.

Die Kontrolle der Macht durch das Volk ist überdies

nicht fehlerlos, eine demokratisch gewählte Macht erliegt ebenfalls der Korruption, ihre Entscheidungen verstoßen oftmals gegen die Forderungen der Mehrheit, keine Macht kann es allen recht machen und so weiter. Das sind banale, uns allen bekannte Tatsachen. Die Kontrollmechanismen des Volkes sind nie vollkommen, doch das Wirksamste, was Menschen bisher erdacht haben, um der Willkür der Tyrannei vorzubeugen, ist: Sicherung der gesellschaftlichen Kontrolle und Begrenzung der Staatsmacht auf das zur Aufrechterhaltung der Ordnung unbedingt Notwendige. Alles regeln zu wollen, was die Menschen tun, ist typisch für totalitäre Machtausübung.

Wir können – und sollten – daher den Organen der politischen Macht mit Mißtrauen begegnen, sie genauestens überprüfen und bei Bedarf beanstanden (Bedarf gibt es fast immer); wir sollten aber nicht die Existenz der Macht an sich beklagen, es sei denn, wir erfinden eine andere Welt, was schon viele versucht haben, jedoch bislang ohne Erfolg.

Vom Ruhm

Ruhm ist bekanntlich eines der begehrtesten Güter. Dies scheint so offensichtlich, daß es sich erübrigt zu ergründen, weshalb der Ruhm solchen Ruhm genießt; berühmt zu sein – aus welchem Grund auch immer – heißt, sich selbst zu bestätigen und zu bestärken, und das Bedürfnis nach Selbstbestätigung gilt als natürlich. Aber dennoch ist Ruhmsucht, wiewohl in unserer Zivilisation bis zur Manie getrieben, nicht allgemein verbreitet. Einige Philosophen des Altertums – berühmte natürlich –, insbesondere Stoiker und Epikureer, rieten im Gegenteil, den Ruhm zu meiden: »Lebe im Verborgenen!« oder »Sei froh, daß du unbekannt bist!« Ruhm hat gewiß seine beschwerlichen Seiten, doch jene berühmten Leute, die sich beklagen, daß der Ruhm ihr Leben erschwere, sind meist unglaubwürdig, weil sie zugleich alles tun, um vor die Fernsehkameras zu gelangen und in den Zeitungen erwähnt zu werden.

Sehr viele Menschen kümmern sich fürwahr nicht um Ruhm – schon deshalb nicht, weil sie davor zurückschrecken, öffentlich gewürdigt zu werden, weil sie verunsichert sind oder weil sie keine hohe Meinung von sich haben.

Oft, wenngleich nicht immer, führt Ruhm zu Reichtum: bei bekannten Schauspielern und Filmregisseuren, bei Rocksängern, Sportlern und anderen. Die Menschen trachten aber in der Regel nach Ruhm um seiner selbst willen, weniger wegen der übrigen Vorteile, die er mit sich bringt – dies lehrt uns das unsterbliche Beispiel des Herostrat, der laut Überlieferung den Artemistempel zu Ephesos nur anzündete, um Weltruhm zu erlangen, was ihm auch vortrefflich gelang, denn noch nach so vielen Jahrhunderten kennen alle seinen Namen. Mitunter wiederholen auch heute Halbwüchsige, ja Kinder diese Schandtat, indem sie nach dem Vorbild von Filmhelden ein gräßliches Verbrechen allein deshalb begehen, um berühmt zu werden. Andererseits gibt es sehr reiche Leute, die jedes Aufsehen vermeiden und bescheiden leben. Wir erkennen: Ruhm gilt als ein Gut an sich, nicht nur als Mittel zum Erwerb anderer Güter.

Seiner Natur nach wird Ruhm nur wenigen zuteil; das steckt bereits in der Definition. Bekannt ist eine Äußerung, die wohl von Andy Warhol stammt, einem berühmten Mann, wonach in Zukunft jeder für 15 Minuten berühmt sein wird. Das ist freilich Nonsens. Wenn beispielsweise jeder Mensch in einem weltumspannenden Fernsehen für 15 Minuten auftreten würde und wenn dieses Fernsehen 24 Stunden täglich nichts anderes täte, als die einzelnen Kandidaten für diese Viertelstunde des Ruhms vorzustellen, so würde der Vorgang bei der heutigen Weltbevölkerung, wie sich leicht errechnen läßt, etwa 200 000 Jahre dauern. Eine so absurde Gleichheit würde niemandem zu Ruhm verhelfen. Ruhm muß rar und wenigen vorbehalten sein. Deshalb erreicht unter denen, die von Ruhm träumen, auch nur ein Bruchteil sein Ziel, die überwiegende Mehrheit wird enttäuscht. Zwar könnte man einwenden, daß es viele Güter gibt, deren Erwerb sehr unwahrscheinlich ist und nach denen die Menschen trotzdem streben, daß die geringe Wahrscheinlichkeit nicht bedeutet, das Streben an sich sei unwürdig. Millionen spielen Lotto, obwohl sie wissen, daß die Gewinnchancen gering sind. Doch Lotto ist, außer für pathologische Spieler, recht billig und erfordert meist weder viel Zeit noch Anstrengung, wohingegen es eine Menge vergeblicher Liebesmüh kostet und überwiegend mißlingt, den Ruhm zum obersten Lebenszweck zu machen.

Es ist offenkundig, daß Ruhm unzählige Facetten hat und sich unmöglich genau bestimmen läßt, wer wirklich berühmt ist. Von jenen abgesehen, die von Amts wegen berühmt sind, also Präsidenten und Premierminister bedeutender Staaten, Päpste und Könige, darf man wohl sagen, daß Ruhm sich heute im allgemeinen proportional zu der Zeit und Häufigkeit verhält, mit der seine Träger im Fernsehen und im Kino auftreten. In Amerika kennt jeder die Namen und die Gesichter der Menschen, die täglich im TV Nachrichten oder populäre Programme präsentieren. Wir alle können uns an die Gestalten von Jack Nicholson oder Kim Basinger erinnern; wir wissen, wer Antonioni oder Wajda sind. Wie viele von uns aber, die nicht gerade Physiker oder Chemiker sind, können die Namen von Nobelpreisträgern für Physik oder Chemie aus den letzten 40 Jahren herzählen (ich sage 40 Jahre, denn einige Namen aus früheren Generationen wie Einstein, Planck, Bohr oder Marie Curie-Skłodowska sind in der Tat sehr populär)? Doch obwohl wir ihre Namen nicht kennen und meist nicht wissen, was diese Menschen eigentlich geleistet haben, sind wir von vornherein überzeugt, daß es sich um herausragende und hochverdiente Leute handelt. Berühmt sind sie allerdings nicht, denn nur wenige von uns kennen sie.

Aus solcherart Beobachtungen könnte die törichte Annahme resultieren, Ruhm sei »ungerecht« verteilt. Sie wäre töricht, weil weder feststeht, was eine »gerechte« Verteilung von Ruhm bedeuten, noch wie sie erreicht werden soll. Man mag einwenden: Ein unbesiegter Boxer kann ein halber Analphabet und trotzdem auf der ganzen Welt berühmt sein, aber ein großer Gelehrter, ein Wohltäter der Menschheit beispielsweise in der Medizin, ist oft nur wenigen bekannt. Was ist daran schlecht, weshalb sollte Ruhm der verdiente Lohn für große geistige Errungenschaften sein, nicht aber für sportliche Erfolge oder für die geschickte Präsentation eines Fernsehprogramms? Ruhm ist sehr oft ein Kind des Zufalls – selbst der Hauptgewinn im Lotto, errungen ohne Mühe und Verdienst, kann einen Menschen für kurze Zeit berühmt machen; häufig machen wir selber, als Publikum, eine Schauspielerin berühmt, indem wir eifrig ins Kino eilen, wenn sie in einem Film mitspielt. Viele Leute sind nur deshalb berühmt geworden, weil sie familiäre oder andere Beziehungen zu Berühmtheiten hatten, zum Beispiel Xanthippe, Theo van Gogh oder Pilatus. Was soll daran schlecht sein? Nein, es hat keinen Sinn, über die »ungerechte« Verteilung von Ruhm zu klagen, der schließlich kein Ausgleich für Edelmut, Klugheit, Tapferkeit oder andere Tugenden ist noch sein kann. Und das ist gut so. Bestünde unser Leben nicht in hohem Maße aus unvorhersehbaren Zufällen, so wäre es gänzlich uninteressant, obwohl andererseits wahr ist, daß der Zufall weit häufiger gegen uns als für uns arbeitet und allerlei Unheil anrichtet.

Das Universum aber ist nicht nach dem Prinzip des gerechten Lohns eingerichtet, ja wir wissen nicht einmal, was es bedeuten würde, wenn es anders wäre. Vielleicht gelten im Himmel andere Ehrbegriffe, denn berühmt, das heißt erhoben werden dort mitunter Menschen, von denen auf Erden nie jemand gehört hat; man kann jedoch annehmen, daß darunter keine sind, die hier unten ruhelos dem Ruhm nachjagen und all jene mit blindem Haß verfolgen, denen der Zufall solchen beschert hat. Im Grunde ist es wenig wahrscheinlich, daß der Herrgott uns zum Dank für Neid und Eitelkeit erhöhen wird. Mögen also die Scharen jener, an denen Verzweiflung nagt, weil sie nicht den Nobelpreis bekommen haben, den sie selbstredend verdienen, oder weil sie nicht zum Präsidenten gewählt worden sind, wie es die Gerechtigkeit eigentlich verlangt, sich nicht damit trösten, daß der Herrgott ihnen diesen Lohn und diese Stellung im Himmel gewähren wird.

Der Drang nach Ruhm und das Gefühl des Unrechts, weil man seiner entbehrt oder weniger davon hat, als einem gebührt, sind freilich Folgen von Eitelkeit und haben mit Intelligenz nichts zu tun. Seit Jahrhunderten wissen die Moralisten, daß unser Verstand auf verlorenem Posten steht, wenn er auf Eitelkeit und Eigenliebe trifft. Gelegentlich begegnen wir Menschen von überdurchschnittlicher Intelligenz, die von allen gemieden werden, sie aber tun so, als ob sie es nicht spürten, oder führen es auf ihre geistige und moralische Überlegenheit zurück, keineswegs jedoch darauf, daß sie eingebildet oder aufdringlich sind, ununterbrochen jeden belehren, ungefragt Ratschläge erteilen und dergleichen. Und wir treffen andere, gleichfalls von hoher Intelligenz, die beständig klagen, sie würden unterschätzt, dabei seien sie doch so klug, hätten dies oder jenes längst vorhergesehen, und es hat überhaupt keinen Zweck, ihnen zu erklären, daß sie sich lächerlich machen.

Wieder andere brüsten sich unaufhörlich mit ihrer Leidensgeschichte und fordern Mitgefühl, obwohl es sich nach den Erfahrungen unseres Jahrhunderts eher um gemäßigtes Leid handelt; auch sie lassen sich nicht davon überzeugen, daß sie zum Gespött werden. Manche Männer geben fortwährend zu verstehen, daß alle Frauen der Welt hauptsächlich davon träumen, mit ihnen ins Bett zu gehen. Der Verstand vermag nichts gegen Eitelkeit, doch vergessen wir nicht, daß »Eitelkeit« (próżność) nicht zufällig und durchaus nicht nur im Polnischen mit »leer« (próżny) zusammenhängt.

Ruhmsucht ist vielleicht nicht verdammenswert oder schändlich, jedoch nur unter zwei Voraussetzungen: erstens, wenn der Ruhm durch eine gute, wertvolle Tat errungen werden soll und die Anstrengungen sich nicht auf den Ruhm, sondern auf die anderen Ziele konzentrieren, wiewohl auch der Ruhm lockt; zweitens, wenn der Ruhm nicht zum zerstörerischen, neiderfüllten Wahn wird, der fast immer wirkungslos ist, bisweilen aber ein Leben ruiniert. Im allgemeinen allerdings sind jene Menschen die besseren, die nicht an Ruhm denken, sondern sich damit begnügen, daß man sie im kleinen Kreis der Freunde und Verwandten mag und schätzt.

Von der Gleichheit

Was bedeutet der Grundsatz »Alle Menschen sind gleich«, der einst revolutionär klang, später aber banal wurde? Er meint nicht das Gebot, nach dem jedermann vor dem Gesetz *gleich sein sollte*, denn man könnte einwenden, ein solches Gebot sei willkürlich: Warum eigentlich sollen vor dem Gesetz alle gleich sein? Nein, dieses Gebot ist eine Folge der Behauptung, daß alle Menschen *gleich sind* und deshalb gleiches Recht für alle zu gelten hat. Grundlage dieser Norm ist also ein erreichter Zustand. Aber was ist das für ein Zustand, und wie können wir feststellen, daß er wirklich erreicht ist?

Kritiker, die erklären, daß die Menschen nicht gleich seien, weil sie sich in vielem unterscheiden – in ihren Fähigkeiten und Fertigkeiten, Kenntnissen und Charakteren –, reden unklug. Es ist schließlich offenkundig und jedem bewußt, daß sich die Menschen in dieser oder jener Hinsicht unterscheiden, daß sie nicht identisch sind, und das ist auch jenen klar, die Gleichheit als einen *Zustand* verkünden, der nicht von diesen Unterschieden abhängt. Sich auf Unterschiede zu berufen und zu behaupten, daß die Menschen *nicht gleich seien*, hat keinen Sinn, denn es trifft nicht die Idee der Gleichheit, die jene meinen, die sie verkünden.

Doch es geht auch nicht um die offenkundige Beobachtung, daß alle Menschen zu einer Art gehören, sie demnach eine ähnliche biologische Ausstattung, ähnliche morphologische und physiologische Merkmale besitzen. Wenn es darum ginge, dann könnten wir ebensogut sagen: »Alle Gänse sind gleich«, »alle Fliegen sind gleich« oder »alle Brennesseln sind gleich«. Das sagen wir aber nicht, und es ist unklar, was es bedeuten sollte. Die Menschen sind gleich, nicht die Fliegen.

Einige Denker der Aufklärung glaubten, die Menschen würden gleich geboren, gewissermaßen als unbeschriebene Blätter, alle Unterschiede aber kämen erst durch Erziehung und äußere Einflüsse zustande. Heute glauben wir das nicht mehr, denn wir wissen, daß die Menschen mit unterschiedlichem genetischen Code zur Welt kommen, und obwohl in der Genetik noch vieles zu erforschen ist, obwohl niemand bezweifelt, daß jeder von uns das Produkt sowohl von Erbanlagen als auch von Erziehung ist, so zweifelt doch auch niemand daran, daß wir uns durch ererbte Eigenschaften voneinander unterscheiden. Keiner kann behaupten, daß in den Genen von Adolf Hitler dessen ganzes Leben fehlerlos vorgezeichnet war oder in den Genen von Mutter Teresa all ihre Taten und Gedanken, doch man darf annehmen, daß es erbliche Voraussetzungen gibt, die es möglich – wenngleich nicht notwendig – machen, daß jemand eher ein Hitler oder eher eine Mutter Teresa wird. Aber sowohl Hitler als auch Mutter Teresa gehören nicht nur zu einer biologischen Art, sondern sie sind in einem gewissen Sinne, um dessen Erläuterung es hier gerade geht, wie alle anderen, sie sind *gleich*, wenn auch in höchstem Grade unähnlich.

Gewiß läßt sich die Gleichheit der Menschen mit der christlichen – und nicht nur der christlichen – religiösen Tradition begründen. In diesem Sinne sagen wir, daß alle Menschen Kinder eines Vaters seien und von Gott nach denselben Maßstäben beurteilt werden – ob sie gelehrt sind oder nicht, arm oder reich, hier oder da geboren, ob sie dieser oder jener Klasse angehören.

Sie sind gleich als moralische Subjekte, denen Gott bestimmte Gebote des Naturrechts offenbart und die er dazu befähigt hat, aus eigenem Willen diese Gebote zu befolgen oder zu übertreten.

Kann man aber Gleichheit – als Zustand, nicht nur als Gebot – unabhängig vom Glauben an die Einheit der Menschen im Angesicht Gottes verkünden? Ich denke ja, doch dies verlangt gewisse Begründungen moralischer Natur, die sich zugleich auf die menschliche Verfassung insgesamt beziehen. Wenn wir sagen, alle Menschen sind gleich, dann denken wir an die menschliche Würde, die jedermann zusteht und die niemand verletzen darf. Was aber ist die menschliche Würde, die – wie einige Philosophen erklärt haben – nicht zu trennen ist von unserer Fähigkeit, den Verstand zu benutzen und freie Entscheidungen zu treffen, insbesondere zwischen Gut und Böse zu unterscheiden? Die menschliche Würde ist mit Sicherheit nichts, was wir sehen können, und es ist einfacher festzustellen, wann sie verletzt wird, als was sie ihrer Natur nach ist. Wenn wir uns aber auf eines konzentrieren, nämlich auf den Begriff vom Menschen als einem Wesen, das aus eigener Kraft und ohne Zwang durch äußere Umstände zwischen Gut und Böse zu wählen vermag, dann gelangen wir zu größerer Klarheit. Wir übergehen den Sonderfall der schwerbehinderten Menschen, die nicht an der Kultur teilhaben können und ganz auf andere angewiesen sind. Es ist nichts Ungewöhnliches an der Überzeugung, daß die Menschen sich entscheiden können, daß sie für das verantwortlich sind, was sie tun – Gutes oder Böses –, daß diese Fähigkeit selbst, nicht die Art, in der sie sie nutzen, sie in ihrer Würde gleich macht und daß Menschlichkeit in diesem Sinne Achtung fordert, weshalb jedem einzelnen Menschen diese Achtung gebührt. Erwächst daraus die Einsicht, wie wir uns gegenüber jenen verhalten sollen, die ihre Freiheit dazu gebrauchen, um andere zu töten, zu vergewaltigen, zu quälen, zu demütigen, zu entwürdigen? Wohl nur insofern, als selbst die Schlimmsten, die für ihre Verbrechen bestraft oder eingesperrt werden müssen, nicht in ihrer menschlichen Würde verletzt werden dürfen. Diese Würde ist unabhängig von allem, was die Menschen unterscheidet, seien es Rasse, Geschlecht, Nation, Bildung, Beruf oder Charakter.

Würden wir glauben, daß wir Mechanismen seien, deren Taten und Gedanken durch äußere Umstände, etwa durch Kräfte des Weltalls, angetrieben werden, so wäre der Begriff Würde leer und auch der Begriff Gleichheit verlöre seinen Sinn.

Weil wir aber in dieser Beziehung gleich sind, widerspricht die Ungleichheit vor dem Gesetz der menschlichen Würde. Was nicht bedeutet, daß wir auch eine Gleichheit im Sinne gleicher Verteilung aller Güter fordern müßten. Eine so verstandene Gleichheit ist freilich oft beschworen worden – von manchen mittelalterlichen Sekten, dann von den Jakobinern in der Französischen Revolution, im 19. Jahrhundert und später von Teilen der sozialistischen Bewegung. Die entsprechende Überlegung war einfach: Da die Menschen gleich sind, steht auch jedem der gleiche Anteil an irdischen Gütern zu. Dies ist jedoch kein kluger Gedanke. Bei einigen Spielarten des Egalitarismus wurde tatsächlich vorausgesetzt, daß Gleichheit der höchste Wert sei, man also auch dann danach streben müsse, wenn es durch Einführung der Gleichheit allen schlechter gehen würde, die Ärmsten eingeschlossen; selbst wenn die Ärmsten noch ärmer werden – Hauptsache, keiner ist wohlhabender als die anderen.

Bei dieser Ideologie geht es keineswegs darum, daß die Menschen besser leben, sondern darum, daß es keinem besser geht als den anderen. Diese Ideologie erwächst mithin nicht aus dem Wunsch nach Gerechtigkeit, sondern aus Neid. (Wie in einem russischen Witz: Der Herrgott spricht zum russischen Bauern: »Du bekommst alles, was du willst, aber von allem, was du begehrst und erhältst, bekommt dein Nachbar das Doppelte. Was willst du?« Der Bauer antwortet: »Lieber Gott, schlag mir ein Auge aus.« Das ist wahrer Egalitarismus.) Eine solche Gleichheit aber ist ein unerreichbares Ideal. Um sie einzuführen, müßte die gesamte Wirtschaft totalitärem Zwang unterworfen, müßte alles vom Staat geplant werden, niemand dürfte einen anderen Beruf ergreifen als den staatlich verordneten, keiner hätte Grund, sich mehr anzustrengen als nötig. Im Ergebnis ginge nicht nur die Wirtschaft vor die Hunde, sondern es käme auch keine Gleichheit zustande, denn in einer totalitären Ordnung ist Ungleichheit unausweichlich, und aus Erfahrung wissen wir, daß diejenigen, die ohne gesellschaftliche Kontrolle regieren, sich stets materielle Güter in großem Umfang zuteilen; überdies würden so wertvolle immaterielle Güter wie der Zugang zu Informationen oder die Teilnahme an der Macht der Mehrheit entzogen. Die Folgen wären Armut und Unterdrückung.

Man kann natürlich fragen: Gibt es nicht eine Gleichheit auf der Basis von Freiwilligkeit, so wie im Kloster oder im Kibbuz? Die Antwort ist einfach: Sie ist möglich, sofern sie den Gesetzen der Physik oder der Chemie nicht widerspricht. Aber leider widerspricht sie allem, was wir über menschliches Verhalten, zumindest über typisches Verhalten, wissen.

Daraus folgt wiederum nicht, daß Ungleichheit bei der Verteilung der Güter unproblematisch wäre, zumal dort nicht, wo in weiten Bereichen drückendes Elend herrscht. Ungleichheit läßt sich durch progressive Steuern mildern, das bislang wirksamste Instrument; doch bekanntlich werden progressive Steuern ab einer bestimmten Grenze ökonomisch kontraproduktiv und treffen nicht nur die Reichen, sondern auch die Armen. Wir müssen erkennen, daß ökonomische Gesetze existieren, die wir nicht abschaffen können. Freilich, es ist überaus wichtig, daß alle Menschen ein Leben in Würde führen, ein Leben, in dem sie nicht hungern müssen, in dem sie sich kleiden, wohnen, ihre Kinder ausbilden und gesundheitliche Fürsorge in Anspruch nehmen können. Diese Prinzipien sind in zivilisierten Ländern unbestritten, wenn auch nicht vollkommen verwirklicht. Die Forderung nach völliger Gleichheit bei der Verteilung der Güter ist hingegen ein Rezept für allgemeines Unglück. Der Markt ist nicht gerecht, aber seine Abschaffung führt in Not und Elend. Die Gleichheit der menschlichen Würde und die daraus erwachsende Gleichheit der Rechte und Pflichten jedoch ist ein Erfordernis, ohne das wir in die Barbarei zurückfallen würden. Ohne diesen Grundsatz könnten wir zum Beispiel annehmen, daß andere Rassen oder Völker ungestraft ausgerottet werden können, daß Frauen nicht die gleichen bürgerlichen Rechte benötigen wie Männer oder daß man Alte und Kranke töten darf, weil sie der Gesellschaft nicht nützen. Der Glaube an diese Gleichheit schützt nicht nur unsere Zivilisation, sondern er macht uns zu Menschen.

Von der Lüge

Die Übermittlung falscher Nachrichten liegt sozusagen in der Ordnung der Natur. Der Schmetterling sagt zum Vogel: »Aber ich bin kein Schmetterling, sondern ein welkes Blatt.« Die Wespe sagt zur Biene, die ihren Stock bewacht: »Aber ich bin keine Wespe, sondern eine Biene. Wovon du dich überzeugen kannst«, fügt sie gelehrt hinzu, »wenn du deine olfaktorischen Sensoren einsetzt.« (Angeblich verfahren einige Wespenarten so.) Sofort bemerken wir den Unterschied zwischen den beiden Lügen. Wir loben den Falter, der ein Blatt darstellt und damit sein Leben vor dem Raubvogel rettet, der ihn fressen will. Und wir tadeln die Wespe, die sich verstellt, um in den Bienenstock zu gelangen und die Nahrung zu stehlen, die fleißige Bienchen gesammelt haben.

Ähnlich verhält es sich mit den Lügen der Menschen, die wir moralisch werten: Die einen erregen Anstoß, die anderen gelten als statthaft. Manche Philosophen haben das extreme und rigorose Verbot der Lüge verteidigt, etwa der heilige Augustinus und Kant. Ein Gebot, nach dem es unter keinerlei Umständen erlaubt sei zu lügen, ist wegen der Kompliziertheit des Lebens nicht nur aussichtslos, sondern – schlimmer noch – seine Befolgung widerspräche womöglich dem Gebot der Nächstenliebe oder dem wohlverstandenen öffentlichen Interesse. Ganz zu schweigen vom Krieg, wo der Betrug am Feind ein unverzichtbarer Bestandteil des Kampfes ist. Zu schweigen auch von Diplomatie und Handel. Das einfachste und keineswegs erfundene, sondern vielfach erlebte Beispiel aus der Okkupationszeit: Wenn irgendwo ein Jude untergetaucht war und die deutschen Gendarmen fragten, ob nicht vielleicht ein Jude im Haus wohne – wer, wenn er sich einen Rest von Gewissen bewahrt hatte, hätte sagen wollen, daß er im Namen des edlen Prinzips der Wahrheit den Mann in den sicheren Tod schicken durfte?

Regierungen belügen ihre Bürger oft, entweder direkt oder durch das Verschweigen von Fakten, was ein falsches Bild der Wirklichkeit erzeugt. Oft sind es Lügen, die einer Regierung Kritik ersparen und ihre Versäumnisse oder Fehler bemänteln sollen. Manchmal aber sind Lügen auch berechtigt; außer Fakten, die um der Sicherheit des Landes willen stets geheim bleiben müssen, gibt es Lügen, die fürwahr im allgemeinen Interesse sind: Wenn sich die Regierung zum Beispiel mit der Absicht trägt, die Währung abzuwerten, dann muß sie dies bestreiten, denn die Ankündigung einer Abwertung würde dem Staat infolge von Währungsspekulation große Verluste zufügen.

Mehr noch, anerkannte gesellschaftliche Tugenden wie Diskretion und Höflichkeit grenzen häufig an Lüge, aber wenn es sie nicht gäbe, wäre das Zusammenleben weit schwieriger als ohnehin, und wir würden nicht die klare Luft der Wahrheit atmen, sondern hätten unter Rüpeln zu leiden. Auch Leute, die stets beteuern, wie recht sie haben – ob es nun zutrifft oder nicht –, halten wir für ungehobelt.

Gelegentlich wird darüber diskutiert, ob Ärzte ihre Patienten von deren hoffnungslosem Zustand informieren sollten (wobei es sich um direkte Lüge oder um Verheimlichung handeln kann). Diese Frage wird in den einzelnen Ländern unterschiedlich gehandhabt, und obwohl man unschwer Argumente für die eine wie für die andere Seite finden kann, so beziehen sich diese in der Regel auf humanitäre Grundsätze, auf das

Interesse der Kranken oder ihrer Familien, nicht aber auf den Wert der Wahrheit als solcher.

Kurz, es entspricht wohl dem gesunden Menschenverstand anzunehmen, daß es Umstände gibt, unter denen zum Nutzen einer guten Sache gelogen werden muß, die Schwierigkeit besteht nur darin, wie die »gute Sache« zu definieren sei, denn wir sind leicht geneigt, dieses Prinzip so weit zu fassen, daß alles, was in unserem privaten Interesse liegt, eine »gute Sache« ist, und es läßt sich schwer eine Regel finden, die alle möglichen Einzelfälle berücksichtigt.

Die Anhänger eines rigorosen Verbots der Lüge sagen: Wenn jeder lügen würde, wann es ihm gefällt oder wann es ihm paßt, dann wäre das Vertrauen zu den Mitmenschen völlig zerstört, Vertrauen aber ist eine unverzichtbare Bedingung für jederart Ordnung und Gemeinschaft; auf diese Weise, so fügen sie hinzu, würde sich die Lüge gegen die Lügner wenden, weil keiner mehr dem anderen glauben könnte.

Dieses Argument ist nicht unvernünftig, doch es ist nicht überzeugend, sofern es als Grund für ein absolutes Verbot der Lüge dienen soll. Könnten wir nie an die Wahrheitsliebe der anderen glauben, wäre das Leben in der Tat unerträglich. Ein völliger Verlust gegenseitigen Vertrauens droht uns jedoch nicht. Im allgemeinen wissen wir, wann wir uns auf die empfangene Information verlassen können und wann wir aufpassen müssen, weil wir argwöhnen, daß unser Gegenüber ein Interesse hegt, uns in die Irre zu führen. Die Menschen lügen selten ganz uneigennützig. Es gibt zwar notorische Lügner; ich habe zum Beispiel einen Schriftsteller gekannt, dem man nie glauben konnte, weil er stets Geschichten erzählte, die er je nach Umständen und Gesprächspartnern laufend veränderte. Er tat das aber geistreich und unterhaltsam, so daß man ihm gern zuhörte, obwohl alle wußten, daß das Erzählte nicht ernst zu nehmen war. Es bestand also keine Gefahr, daß seine fehlende Wahrheitsliebe anderen schaden konnte. Wir kennen Fälle von pathologischen Lügnern, die es schlicht nicht fertigbringen, etwas wahrheitsgetreu wiederzugeben, sie verdrehen und fälschen alles ohne Grund, aber auch ohne Phantasie; solche Leute werden verachtet, ihre Lügen und Erfindungen richten wenig Unheil an, weil ihnen sowieso niemand glaubt.

Selbst wenn Lügen so verbreitet sind wie in der Politik, in der Geschäftswelt oder im Krieg, zerstören sie das private Vertrauen nicht, weil in jenen Bereichen alle achtgeben und wissen, wer sie weshalb betrügen könnte. Selbst die Lügen der Werbung sind weniger gefährlich, als man meinen möchte. In allen Ländern bestehen rechtliche Beschränkungen, die direkte Falschaussagen über die angepriesenen Waren verhindern; so ist es bei Strafe verboten, Leitungswasser in einer Verpackung anzubieten, auf der geschrieben steht, es handle sich um ein unfehlbares Mittel gegen Krebs. Erlaubt ist freilich zu behaupten, die Seife »Mirakel« oder das Bier »Humbug« seien die besten auf der Welt. In diesem Fall ist es nicht das Ziel der Werbung, daß ich die im Fernsehen gehörte Behauptung über die Seife »Mirakel« glaube; das Ziel ist vielmehr, daß ich mir die Verpackung merke, und wenn ich mir im Geschäft eine Seife aussuche, dann soll ich zu dem Produkt greifen, das mir nach mehrfachem Anschauen der Werbung bekannt vorkommt. Die Werbung rechnet nicht zu Unrecht mit unserem Gefühl für Tradition, das uns sagen wird, wir kennten die Seife »Mirakel« bereits, selbst wenn das überhaupt nicht stimmt.

Wenn wir hingegen von einer politischen Lüge sprechen, dann müssen wir eine wesentliche Unterscheidung treffen. Die politische Lüge, die recht häufig, in demokratischen Ländern aber durch die Freiheit des Wortes und der Kritik eingeschränkt ist, verletzt den Unterschied zwischen Wahrheit und Unwahrheit nicht. Ein Minister kann verkünden, daß er etwas nicht gewußt habe, obwohl er es wußte. Er hat gelogen, doch – gleichgültig, ob die Lüge ans Licht kommt oder nicht – die Unterscheidung von Wahrheit und Lüge bleibt in Kraft. Anders ist es in totalitären Staaten, insbesondere im Kommunismus zur Zeit seiner Stärke, also in der stalinistischen Ära. Dort hatte sich der Unterschied zwischen dem Wahren und dem politisch Richtigen völlig verwischt, so daß Menschen, die aus Furcht »politisch richtige« Behauptungen wiederholten, halb selbst daran glaubten, sogar Führer fielen mitunter den eigenen Lügen zum Opfer. Erreicht werden sollte, den Unterschied in den Köpfen so weit zu verwischen, daß die Menschen wußten, was als politisch richtig galt, und dabei den Unterschied vergaßen, damit die historische Wahrheit gefälscht werden konnte, ohne ordinär zu lügen, aber doch die Idee der Wahrheit im normalen Sinne des Wortes zu beseitigen. Das Ziel ließ sich nicht zur Gänze erreichen, doch die geistigen Verwüstungen, die das System bewirkte, waren enorm, vor allem in der Sowjetunion, weniger in Polen, wo das totalitäre Regime nie diese Stufe erklomm. Die Freiheit von Wort und Kritik kann die politische Lüge nicht verdrängen, aber sie kann den Begriffen »Lüge«, »Wahrheit« oder »Wahrhaftigkeit« ihre normale Bedeutung zurückgeben.

Aus der Tatsache, daß Lüge zulässig ist und man für eine gute Sache lügen kann, darf jedoch nicht geschlossen werden, daß die Formel laute: »Lüge ist manchmal gut und manchmal schlecht.« Diese Formel ist so nebulös, daß sie praktisch alle Lügen rechtfertigt. Kinder darf man nicht von Anfang an in diesem Geist erziehen. Sicherer ist es, sie zu belehren, daß Lügen ausnahmslos verwerflich ist, um ihnen so den Reflex einzuimpfen, kraft dessen ihnen die Lüge zumindest Unbehagen bereitet. Den Rest lernen sie selbst – schnell, leicht und ohne die Hilfe Erwachsener.

Wenn aber das absolute Verbot der Lüge wirkungslos ist und manchmal im Gegensatz zu anderen, wichtigeren Geboten steht, wo steckt dann das allgemeine Prinzip für die Berechtigung der Lüge? Ein allgemeines Prinzip, das jeden Einzelfall unfehlbar entscheidet, ich wiederhole, das gibt es nicht. Man kann lediglich bestimmte Lehren ziehen, die vielleicht hilfreich sind.

Die erste Lehre ist, daß man alles tun soll, um sich nicht selbst zu belügen, das heißt, man soll sich einer Lüge auch bewußt sein. Selbstbetrug ist ein Thema für sich, das hier außer acht bleiben muß. Wenn wir lügen und glauben, daß es einer guten Sache dient, dann sollten wir ganz sicher sein, daß dem so ist. Zweitens sollten wir bedenken, daß unsere Selbstrechtfertigungen und unsere Vorstellungen von der »guten Sache«, welche die Lüge veredeln kann, stets verdächtig sind, wenn die »gute Sache« mit unserem privaten Interesse identisch ist. Drittens sollten wir beachten, daß eine Lüge auch dann unmoralisch ist, wenn sie läßlich oder im Namen höherer Güter geradezu geboten erscheint. Viertens wäre es gut zu wissen, daß eine Lüge oft anderen schadet, aber noch häufiger schadet sie dem Lügner selbst, weil sie ihn innerlich aushöhlt.

Die Einhaltung dieser Regeln führt nicht dazu, daß wir – oder die Mehrheit von uns – heilig und von Sünden frei werden, sie schafft auch die Lüge nicht aus der Welt. Doch sie kann uns Vorsicht lehren im Umgang mit der Lüge als Waffe, selbst wenn wir sie einmal anwenden müssen.

Von der Toleranz

Das Wort Toleranz und die Aufforderung zur Toleranz sind, wie wir wissen, überaus populär. Aber so geschieht es den häufig gebrauchten Worten meist, sie werden achtlos, unbedacht und für vielfältige Zwecke verwendet, so daß am Ende niemand mehr weiß, worum es geht. Obgleich das Wort selbst schon im antiken Latein des Altertums existierte, wurde die Toleranz erst im Europa des 16. Jahrhunderts infolge von religiösen Spaltungen und Auseinandersetzungen zum gesellschaftlichen *Problem*. Toleranz war schlicht die Nicht-Verfolgung anderer wegen ihrer religiösen Überzeugungen und Praktiken. Den Vorkämpfern der Toleranz ging es um eine Reform des Rechts, um die Garantie, daß der Staat die herrschende Religion nicht mit dem Schwert verteidigte. Aufrufe zur Toleranz in diesem Sinne waren zahlreich und häuften sich; aber neben verschiedenen Edikten, die die Toleranz in den jeweiligen Ländern sicherten, finden wir auch die Rücknahme solcher Edikte, die Rückkehr zu Verfolgung, die Forderung nach Bestrafung der Ketzer und Andersgläubigen. Trotz unzähliger Greuel, die wir aus der Geschichte der Glaubenskämpfe kennen, dürfen wir insgesamt feststellen, daß in den nominell christlichen Ländern der Kampf um Toleranz in der rechtlichen Bedeutung gewonnen wurde; wir wissen andererseits, daß aggressive und intolerante Strömungen im Islam sehr stark sind. Eine tolerante Ordnung ist jene, die ihren Bürgern in religiösen Fragen nichts vorschreibt. Daß der Staat in diesen Dingen keinen

Zwang ausüben soll, ist allgemein anerkannt, so daß das Prinzip verbal auch in den kommunistischen Staaten Europas galt, einschließlich derer, in denen Kirchen, Priester und Gläubige den ärgsten Repressionen ausgesetzt waren.

Alles das scheint heute einleuchtend und unstrittig, doch bei näherem Hinsehen ergeben sich Komplikationen. Damit der Grundsatz der Toleranz in diesem Sinne akzeptiert wurde und funktionierte, waren nicht nur Rechtsakte vonnöten, sondern auch kulturelle Voraussetzungen, die sich nicht auf Bestellung schaffen ließen. Die christlichen Verfechter der Toleranz im 16. und 17. Jahrhundert erklärten, daß die Menschen einander wegen unterschiedlicher Ansichten zur Heiligen Dreifaltigkeit, zur Abendmahlsfeier oder zur Prädestinationslehre nicht länger abschlachten sollten, denn, so sagten sie, der Herrgott wird beim Jüngsten Gericht nicht nach unseren theologischen Auffassungen fragen, sondern danach, ob wir die Gebote des Evangeliums eingehalten haben. Es wurde also angenommen und mitunter auch direkt gesagt, daß alle dogmatischen Unterschiede zwischen den Kirchen, Konfessionen oder Sekten *unwichtig*, bedeutungslos seien. Daraus aber ließ sich leicht der Schluß ziehen, daß keine der Kirchen oder Konfessionen eine Daseinsberechtigung als selbständige Körperschaft hatte, weil die Unterschiede zwischen ihnen gleichgültig waren. Davon jedoch waren die Kirchen schwer zu überzeugen (all das spielte sich freilich innerhalb der christlichen Kultur ab, und sogar in sehr toleranten Ländern wie den Niederlanden des 17. Jahrhunderts wurde offener Atheismus nicht toleriert). So geriet ein neuer Sinn in die Idee der Toleranz, nämlich die *Gleichgültigkeit*. Es ist – kulturell und psychologisch – eine Sache zu sagen: »Lieber schwere Fehler ertragen als Glaubenskriege provozieren«, aber etwas ganz anderes: »Wir müssen die verschiedensten theologischen Meinungen tolerieren, weil diese Dinge gleich gültig sind.«

Es ist etwas anderes, ob ich zu jemandem sage: »Du verbreitest üble, falsche und schädliche Ansichten, aber ich werde dich nicht hinrichten, sondern das dem lieben Gott überlassen«, oder ob ich sage: »Denk über die Religion, was du willst. Das hat überhaupt keine Bedeutung.«

Wir reden jedoch über Toleranz und beziehen das Wort nicht nur auf rechtliche Regelungen zu religiösen Fragen, sondern auch auf menschliches Verhalten, auf unsere eigene Einstellung, auf Sitten und Bräuche. Im ursprünglichen Sinne bin ich tolerant, wenn ich nicht verfolge, keine Verfolgung verlange und mich nicht aggressiv gegenüber Dingen verhalte, die ich partout nicht mag, die ich nicht billige, die mich stören, die in mir Unbehagen oder Abscheu wecken. In ähnlichem Sinne verwenden wir das Wort in der Medizin und in der Technik: Arzneimittel können schaden, aber wir sprechen von Toleranz, wenn der Organismus sie in bestimmten Grenzen toleriert, das heißt ohne größere Nebenwirkungen erträgt. In Frankreich hießen die Bordelle früher »Häuser der Toleranz«, und dieser Name suggerierte, daß es sich zwar um eine schlimme Sache handelte, die man aber aus vielerlei Gründen tolerieren sollte.

Wir bemerken allerdings, daß Toleranz oft im Sinne von Gleichgültigkeit, beim Fehlen eines Standpunkts oder einer Meinung gefordert wird, mitunter sogar im Sinne eines Freibriefs für alles, was Menschen und Anschauungen betrifft. Das nun ist etwas völlig anderes. Die Forderung nach Toleranz in dieser Hinsicht ist Teil unserer hedonistischen Kultur, in der nichts wirklich Bedeutung besitzt. Es ist die Philosophie eines Lebens ohne Verantwortung und ohne Überzeugungen. Verstärkt werden solche Tendenzen durch verschiedene philosophische Moden, die uns beibringen wollen, daß es Wahrheit im eigentlichen Sinne nicht gibt. Wenn ich also auf meinen Überzeugungen beharre, selbst ohne jede Aggressivität, dann versündige ich mich schon gegen die Toleranz.

Das aber ist barer Unsinn; die Verachtung für die Wahrheit bedroht unsere Zivilisation nicht weniger als der Fanatismus. Die gleichgültige Mehrheit bereitet den Boden für Fanatiker, deren sich stets genügend finden. Unsere Zivilisation erweckt den Eindruck, daß alles Spaß sein müsse, so wie es in den einfältigen Philosophien des »New Age« der Fall ist, deren Inhalt sich gar nicht beschreiben läßt, weil er alles umfaßt, was irgend jemandem vorschwebt.

Doch ich habe das Recht, standhaft auf meinen Überzeugungen zu beharren. Ein Beispiel: In zivilisierten Ländern ist Homosexualität nicht strafbar (was Erwachsene angeht und wenn keine Gewalt im Spiele ist). Die Kirche betrachtet homosexuelle Praktiken als moralisch verwerflich und beruft sich dabei auf das Alte und das Neue Testament, auf die eigene Tradition und die eigene theologische Deutung der Sexualität. Wollte die Kirche zum gesetzlichen Verbot der Homosexualität zurückkehren, könnte man sie einer sträflichen Intoleranz zeihen. Doch die Homosexuellenverbände fordern, daß die Kirche ihre Lehre widerruft, und dies ist ein Symptom sträflicher Intoleranz auf der Gegenseite. In England hat es deshalb Demonstrationen und Angriffe gegen die Kirche gegeben. Wer also ist intolerant? Wenn einige Homosexuelle finden, daß die Kirche irrt, so können sie austreten, ohne daß ihnen etwas passiert; wenn sie aber der Kirche die eigene Meinung hörbar und aggressiv aufzwingen wollen, dann verteidigen sie nicht die Toleranz, sondern propagieren Intoleranz. Toleranz herrscht dort, wo sie gegenseitig ist.

Manchmal sagen wir, man solle Taten bestrafen und nicht Überzeugungen. Die Schwierigkeit ist, daß die Grenze bisweilen verschwimmt. In manchen Ländern ist es beispielsweise strafbar, zum Rassenhaß aufzuwiegeln. Aufwiegeln kann man auf mancherlei Weise, und Rassisten rechtfertigen sich mitunter damit, es seien ihre Überzeugungen und für diese könnten sie nicht bestraft werden. Doch das Wort ist ein Sonderfall der Tat und kann sowohl die schlimmsten wie die besten Folgen zeitigen. Das klingt, als wollten wir suggerieren, daß man alle Meinungen hinsichtlich möglicher Folgen kontrollieren müsse. Andernfalls aber suggerieren wir, daß man nichts verbieten darf, solange keine Gewalt angewandt wird. Wie immer im Leben müssen Kompromisse gesucht werden, die stets unbequem, aber unausweichlich sind. Es ist das ewige Dilemma der Toleranz: Darf und soll man politische oder religiöse Bewegungen tolerieren, die Gegner der Toleranz sind und all jene Einrichtungen zerstören wollen, die die Toleranz schützen, also totalitäre oder nach despotischer Macht strebende Bewegungen? Sie sind vielleicht ungefährlich, solange sie klein sind, man sie also tolerieren kann; wenn sie aber erstarken, muß man sie tolerieren, weil keine Kraft da ist, sie zu bezwingen, und am Ende kann die Gesellschaft der größten Tyrannei zum Opfer fallen. So kehrt sich schrankenlose Toleranz gegen sich selbst und vernichtet die Bedingungen, die sie ermöglichen. Ich gebe zu, daß ich Bewegungen, die die Abschaffung der Freiheit erstreben, nicht tolerieren, sondern vom Rechtsschutz ausschließen würde; die Toleranz ist durch solcherart Intoleranz weniger bedroht.

Man kann jedoch jeden guten Grundsatz auch mißbrauchen. Die Verbreitung rassistischer Ideologien sollte man verbieten, aber in Amerika werden Leute als Rassisten gebrandmarkt und attackiert, die die statistische

Verteilung bestimmter Fähigkeiten bei den einzelnen Rassen erforschen. Solche Forschungen erfordern besondere Vorsicht, sie können gewiß für Rassenpropaganda ausgenutzt werden, doch wäre ein Verbot weit schlimmer, denn damit träte das Prinzip in Kraft, daß wissenschaftliche Forschungen verboten werden müssen, wenn ihre Ergebnisse vom Standpunkt der gerade geltenden Ideen unerwünscht sind, und dies wäre ein totalitäres Prinzip. Kritisieren lassen sich Forschungsergebnisse, wenn es gute Gegenargumente gibt, sie aber zu verbieten hieße, eine ideologische Diktatur in Wissenschaft und Forschung zu errichten.

Ich wiederhole: Toleranz wird weniger durch das Gesetz als durch eine tolerante Atmosphäre geschützt. Ein Potential an Intoleranz steckt in jedem von uns, denn das Bedürfnis, anderen das eigene Weltbild aufzudrängen, ist im allgemeinen groß. Wir möchten, daß alle dasselbe glauben wie wir, nur dann fühlen wir uns sicher und brauchen über den eigenen Glauben nicht nachzudenken, ihn nicht mit anderen zu vergleichen. Daher liegt in der Konfrontation der – religiösen, philosophischen oder politischen – Überzeugungen so viel Aggressivität. Wenn aber die Intoleranz, der Drang zur Bekehrung anderer durch Aggression und Gewalt, durch eine Atmosphäre ersetzt werden sollte, in der keiner an etwas glaubt und niemandem an etwas gelegen ist außer an Spaß und Unterhaltung – dann wehe uns, denn dann werden wir Opfer einer Ideendiktatur. Das Lob der Gewalt läßt sich nicht durch das Lob einer allgemeinen Gleichgültigkeit bekämpfen.

Vom Reisen

Warum reisen wir? Weshalb reisen wir gern? Dies scheinen törichte Fragen zu sein, denn jeder weiß, warum und weshalb. Doch es gibt viele Dinge, die offenkundig erscheinen, es nach einigem Überlegen aber nicht mehr sind. Wird das Reisen vom Instinkt geleitet, und welcher Instinkt wäre es? Schöpfen wir Befriedigung daraus, etwas zu erleben, was einfach *neu* ist, lockt uns die Neuheit als solche? Wenn ja, ist das nicht eine seltsame Befriedigung? Nach der Erfahrung vieler Generationen, die uns durch die Evolution vermittelt worden ist, begegnet uns die Welt nicht freundlich, sondern eher feindlich; wir sollten uns also vor dem Neuen und Unbekannten hüten und das zu schätzen wissen, woran wir durch Erfahrung gewöhnt sind, an vertrauten Plätzen sitzen und auf ausgetretenen Pfaden wandeln. Aber das tun wir nicht. Weshalb lesen wir in der Kindheit begeistert Reiseberichte? Warum haben die Menschen, kaum daß die weißen Flecken auf den Landkarten beseitigt waren, sich auf einst unvorstellbare Reisen in den Weltraum begeben und träumen von immer ferneren Räumen?

Vermerkt sei, daß wir mit Reisen nicht irgendeine Ortsveränderung meinen, sondern nur diejenige, bei der die Reise selbst der Zweck ist, es uns also nicht um die Erledigung einer Sache geht, die wir lieber ohne eine Reise und die damit verbundenen Mühen erledigen würden.

Geschäftsleute, die in eigens dafür geschaffenen Konferenzräumen auf Flughäfen Treffen abhalten, um anschließend sofort nach Hause zurückzukehren, reisen nicht, sondern erledigen ihre Geschäfte, und nach Möglichkeit organisieren sie dies anders, was ja immer einfacher wird. Ich weiß nicht einmal, ob man den Massentourismus zum Reisen rechnen kann, bei dem etwa die Bewohner kühlerer Länder, sagen wir Englands, ein Stück Sonnenstrand in Spanien aufsuchen, wo sie ihre englischen Bars und die englische Küche vorfinden (Gott sei's geklagt), Spanien selbst sie aber nicht interessiert. Wir sprechen von Reisen, bei denen es uns, den Reisenden, um eine wahrhaft neue Erfahrung, um den Kontakt zu einer unbekannten Wirklichkeit geht.

Beim Reisen geht es uns, genaugenommen, wohl nicht darum, etwas zu lernen: Fast alles, was wir unterwegs erleben, können wir auch anders erfahren, oft sogar besser. Ganz nach dem alten Sprichwort: »Wer dumm von Geburt ist, kauft sich auch in Paris keinen Verstand.« Nein, nicht um Wissen reisen wir. Auch nicht, um für eine Weile den Alltagssorgen zu entfliehen und den Kummer zu vergessen, denn in einem anderen Sprichwort heißt es: »Mit dem Reiter schwingt sich die Sorge aufs Pferd.« Nein, nicht der Wissensdurst noch der Überdruß treiben uns, sondern die Neugier, und die Neugier scheint ein ganz eigentümlicher, selbständiger Trieb zu sein. Die Gelehrten erklären, daß die Neugier, also der Hang zur Erkundung der Umwelt, beim Menschen lebenslang anhalte und eben dies eine spezifisch menschliche Eigenschaft sei.

Neugierig sind wir nicht deshalb, weil uns unbekannte Dinge Befriedigung versprechen oder eine Bedrohung darstellen, der es zu begegnen gilt; neugierig sind wir einfach nur so. Die Menschen unternehmen aus Neugier die unterschiedlichsten Handlungen, von denen sie wissen, daß sie gefährlich sind, sie reisen an wenig bekannte und gefahrvolle Orte, verlieren beim

Bergsteigen oder in Höhlen ihr Leben. Und wir wollen nicht vergessen, daß wir für unsere Neugier aus dem Paradies vertrieben worden sind, daß Theologen früher die Neugier oft als ihrer Natur nach sündhaft verdammt haben. Ohne diesen sündhaften Trieb aber hätte es auf der Welt wenig Veränderung und wenig Fortschritt gegeben.

Man kann heute mitunter lesen, daß es falsch sei, von der »Entdeckung Amerikas« zu reden, denn als die europäischen Abenteurer an die amerikanische Küste gelangten, hätten unsere rothäutigen Brüder schon längst dort gelebt und ihr Land keineswegs zu entdecken brauchen. Das ist jedoch eine Spitzfindigkeit, denn wenn Völker in der Isolation gelebt und nichts voneinander gewußt haben, dann darf man wohl sagen, daß sie einander entdecken mußten. Hätten sich die Bewohner Amerikas mit der Entwicklung der Navigation beeilt und Europa als erste erreicht, dann dürfte man sagen, sie hätten Europa entdeckt. Selbst heute, da wir, von Neugier getrieben, in ein fremdes Land oder eine fremde Stadt reisen, können wir sagen, daß wir diese für uns entdecken, denn bei einer solchen Entdeckung geht es nicht unbedingt um Wissen, über das noch niemand verfügt, sondern um die Erfahrung des Neuen. Es stimmt, daß die Menschen mitunter sentimentale Reisen an vertraute Orte unternehmen, die sie einst verlassen haben, etwa in das Land der Kindheit oder der Jugend. Fallen solche Ausflüge unter die Definition des Reisens? Gewiß. Scheinbar entdecken wir zwar nichts Neues, doch wir kehren gleichsam in eine frühere Phase unseres Lebens zurück, wir meinen uns in der Zeit zu bewegen, und auch eine Zeitreise bietet eine neue Erfahrung, denn das einstmals Bekannte ist neu, wenn wir aus einer anderen Zeit kommen.

In uns steckt folglich das Bedürfnis nach Neuem an sich, ganz unabhängig von anderen Erwägungen, das

Neue als solches zieht uns an. Daß uns das Neue lockt, hängt wohl zusammen mit unserem typisch menschlichen Zeitempfinden. Wir möchten stets beginnen, immer das Gefühl haben, daß die Welt uns offensteht, daß sie gerade erst anfängt, und das Erlebnis des Neuen beschert uns ein solches Gefühl, wenngleich als Illusion. Sicherlich wechseln die Menschen deshalb auch ihre Ehepartner: Für eine Weile erleben sie eine neue Zeit, einen neuen Anfang.

Verkehrt wäre zweifellos die Vermutung, Neugier oder das Bedürfnis nach Neuem begleite uns alle mit gleicher Intensität, immer und überall. Wäre dem so, dann wäre kein menschliches Leben möglich. Es ist eine Eigenart jeglichen Lebens, daß darin sowohl Kräfte wirken, die auf Beharrung gerichtet sind, auf Erhalt der bestehenden Ordnung, als auch solche, die als Quelle der Entwicklung fungieren. In unserer Welt zeigen sich diese beiden gegensätzlichen Energien einerseits als Streben nach Dauer, nach Sicherheit, nach Aufenthalt in vertrauter Umgebung und andererseits als Drang nach Neuem, nach Veränderung, also als Neugier. Beide Anlagen widerstreiten einander, doch beide benötigen wir, um ein menschliches Leben zu führen. Und gewiß lassen sich Menschen unter anderem danach unterscheiden, welcher Anteil überwiegt: Die Skala reicht von denen, die lediglich Routine und ihre vertraute Umwelt schätzen, bis zu denen, die Routine verdrießt, weil sie die Veränderung lieben.

Dennoch sollten wir bedenken, daß der Instinkt der Neugier, die Suche nach Neuem, die Faszination für das Unbekannte unwillkürlich ein gewisses Weltbild, eine gewisse »Philosophie« begründen. Vorausgesetzt wird dabei, daß die Welt, in der wir leben, das Reich unserer Erfahrung, *etwas wert* ist. Würden wir – wie die echten Buddhisten – glauben, daß die Welt nichts wert ist, sondern nur eine Anhäufung von Leid und Schmerz, daß sie immer und überall und in allen wesentlichen Momenten gleich ist, während die Unterschiede bedeutungslos sind, weil es nichts Neues gibt unter der Sonne und weil die Menschheitsgeschichte nichts anderes ist als die monotone Wiederholung des immer gleichen Elends – wenn wir das glauben, dann verspüren wir kein Bedürfnis nach Neuem, keine Neugier und also auch keine Lust zum Reisen.

Doch danach, ob die echten Buddhisten recht haben, werden wir nicht fragen. Denn an dieser Stelle geraten wir in den finsteren Abgrund der Metaphysik, den man bei einem so unernsten Anlaß wie dem Nachdenken über das Reisen meiden sollte.

Von der Tugend

Das Wort »Tugend«, ich gestehe es, klingt im Polnischen einigermaßen lächerlich, so oft und so beharrlich ist es in demselben Kontext verwendet worden, nämlich zur Bezeichnung der sexuellen Unschuld, vor allem bei jungen Frauen. Es hieß »jungfräuliche Tugend«, »sie hat ihre Tugend verloren«, »er hatte es auf ihre Tugend abgesehen«, »das Fräulein wird nicht wegen ihrer Tugend gerühmt« und so fort. Im Ernst wird heute nicht mehr so gesprochen, aber unser zynisches Zeitalter hat eine spöttische Aura um das Wort geschaffen. Ich weiß nicht, woher diese Einschränkung rührt, die in anderen Sprachen wohl nicht existiert. Doch wir haben offenbar kein anderes Wort zum Ausdruck all der Eigenschaften, die wir moralisch werten und die sowohl den einzelnen Menschen als auch die zwischenmenschlichen Beziehungen veredeln. Denn es liegt nichts Lächerliches in Begriffen wie »bürgerliche Tugend«, »militärische Tugend«, »intellektuelle Tugend« oder »kaufmännische Tugend«. Wir dürfen uns durchaus darum bemühen, dem Wort »Tugend« die Tugend zurückzugeben. Sicherlich brauchen wir kein Wort mit so umfassender Bedeutung wie bei den alten Griechen, die alle positiven Beschaffenheiten, nicht nur die menschlichen, damit belegen konnten: Es war die Tugend des Feldes, eine gute Ernte zu geben, die Tugend des Messers, gut zu schneiden und so weiter. Auch nicht mit so enger Geltung wie im antiken Latein, als »Tugend« hauptsächlich »Tapferkeit« bedeutete. Wieviel Tugenden es gibt und wie man sie klassifizieren kann, ist zweitrangig. Aber wenn wir das Wort so verwenden, wie ich es soeben suggeriert habe, das heißt als Ausdruck jeder moralisch bewerteten Qualität, die für das erträgliche Zusammenleben der Menschen unentbehrlich ist, dann stellen wir fest, daß Tugenden in einer wesentlichen Beziehung anderen, nichtmoralischen Eigenschaften ähneln.

Wir erlernen Tugenden durch Erziehung in Kreisen, in denen sie praktiziert werden, vergleichbar so einfachen Fertigkeiten wie dem Umgang mit Messer und Gabel oder dem Schwimmen. Die alte Weisheit stimmt, wonach man nicht schwimmen lernen kann, ohne ins Wasser zu steigen, und selbst wenn ein Kind die Benutzung des Bestecks durch das Studium einer komplizierten Gebrauchsanweisung erlernen könnte, in der die Neigungswinkel der Finger genau berechnet wären, so würde es doch schnell die Lust verlieren. Wenig hilfreich sind Lehrbücher der Tugenden auch dort, wo letztere im Alltag nicht auffallen. Wenn die Tugenden verschwinden, endet auch die menschliche Gemeinschaft, da helfen keine Lehrbücher. Ein Priester, der zwar das Evangelium zitiert, aber vor den Augen seiner Schäfchen ständig flucht und droht, ist kein Lehrer der evangelischen Tugenden, sondern er zerstört diese, ähnlich wie der Krösus, der über die Gier der anderen schimpft. Das Studium von Lehrbüchern nützt wenig, viel hingegen die Erfahrung unter Menschen, von denen Tugenden gelebt werden, wenngleich nur selten alle gleichzeitig anzutreffen sind.

Die Frage, ob alle Tugenden zugleich gelebt werden können, haben die Stoiker einige Male erörtert. Sie meinten, der Lohn der Tugend sei diese selbst, der Lohn des Gerechten eben die Tatsache, daß er ein Gerechter sei, und daß die Tugend der Gerechtigkeit um keines anderen Vorteils willen praktiziert werden solle; nur dann sei sie wahrhaftig.

Hieraus ergibt sich, daß wir keinerlei Tugend besitzen, sobald es uns nur an einer davon mangelt, denn wenn uns bestimmte Tugenden fehlen, die wir durch andere ersetzen, dann heißt das, wir üben Tugenden, wenn es uns genehm ist, und nicht um ihrer selbst willen. Wenn wir aber Tugenden deshalb üben, weil sie fraglos gut sind, dann üben wir sie alle; ansonsten ist nicht die Tugend unser Motiv, sondern etwas anderes.

Das ist jedoch ein höchst rigoroser und schwer zu akzeptierender Standpunkt. Denn daraus folgt, daß wir Tugenden nur dann wirklich üben, wenn wir sie alle zugleich üben, wenn wir also vollkommen sind; wenn uns hingegen eine Tugend fehlt, dann haben wir gar keine und sind gründlich verdorben. Doch die Menschen vor die Wahl zu stellen: »Entweder bist du die leibhaftige Vollkommenheit oder ein kompletter Schuft«, ist in der Erziehung gefährlich, denn allzuleicht sagt man sich dann: »Die Vollkommenheit erreiche ich sowieso nicht, und da ich nicht in jeder Hinsicht vollkommen sein kann, ist es schon gleichgültig, was ich tue.« Mithin ist dies keine gute Doktrin, und es gibt keinen Widerspruch zu der Annahme, daß Menschen bestimmte Tugenden besitzen können – nicht aus Berechnung, sondern weil sie für sie gut sind –, andere hingegen nicht. Man kann ein gerechter und kluger Mensch sein, dem es jedoch an Mut fehlt; man kann hilfsbereit und aufrichtig sein, ohne Ausdauer zu haben und so weiter. Von den Stoikern läßt sich nur soviel dazulernen, daß sich Tugenden wechselseitig stützen; wenn man also einige besitzt, gewinnt man die anderen leichter hinzu, obgleich sie selbständig anmuten. Wenn jemand gerecht sein möchte, dann bemerkt er rasch, daß dafür Mut und Ausdauer nötig sind. Es gibt folglich eine Überschneidung der Tugenden, doch das starre Prinzip »alles oder nichts« zeitigt keine erzieherischen Erfolge, sondern schlägt gern in Fanatismus um.

Es ist vielfach festgehalten worden, daß allzu starr geübte und verkündete Tugenden schnell lästig oder unerträglich werden, und zwar sowohl für den Träger wie für dessen Umgebung. Mut kann in leichtfertigen und törichten Wagemut ausarten; eine rigoros praktizierte Gerechtigkeit, die die Kompliziertheit des Lebens und die mildernden Umstände für unsere Verfehlungen außer acht läßt, wird bisweilen zur Grausamkeit und zum Deckmantel für Selbstgerechtigkeit; Aufrichtigkeit kann bis zur Brutalität und Unempfindlichkeit für menschliche Schwächen oder menschliches Leid getrieben werden; selbst Klugheit kann einen Vorwand für die Flucht vor dem Alltag mit seinen unausweichlichen Konflikten liefern; und der löbliche Grundsatz, anderen kein Unrecht zuzufügen, kann zum Ausgangspunkt grenzenloser Nachsicht für das Böse werden. Wer in einem kriegerischen Stamm aufgewachsen ist, erwirbt Mut und die Fähigkeit, physischen Schmerz, oftmals aber auch Grausamkeit standhaft zu ertragen; wer akademischer Tätigkeit nachgeht und mit allen intellektuellen Tugenden versehen ist, verschließt mitunter in der Überzeugung, Wichtigeres zu tun, die Augen vor den drängenden sozialen Problemen ringsum, weil er sich nicht einmischen will. Andererseits aber kann sich bürgerliche Tugend, also das Gefühl der Verantwortung für die öffentlichen Angelegenheiten, in permanenter Streitsucht und dem Bestreben äußern, anderen die eigene Meinung aufzunötigen, in der Unfähigkeit, Wichtiges von Unwichtigem zu unterscheiden, und schließlich im Unvermögen, andere Ansichten als die eigenen gelten zu lassen.

Es ist nicht unbedingt so, daß alle unsere Tugenden lediglich unsere Eigenliebe bemänteln, wie La Rochefoucauld gelehrt hat; doch es stimmt, daß man Gutes stets zum Schlechten wenden kann, ohne dies selbst wahrzunehmen.

Wir sollten weder verlangen noch wünschen, daß alle Menschen vollkommen oder identisch sind (was auf dasselbe hinausläuft). Tugenden lassen sich leicht abstrakt beschreiben, doch ihre Anwendung erfordert Flexibilität und Verständnis für die unendliche Komplexität der menschlichen Dinge; dieses Verständnis aber ist das Ergebnis des experimentellen Umgangs mit den widersprüchlichen Anforderungen des Lebens, mit vielen begründeten Ansprüchen, es ist das Ergebnis des Kontakts mit guten und besonnenen Menschen.

All dies sind sicherlich abgedroschene und banale Tatsachen; sie bieten nichts Neues, sind es aber wert, wiederholt zu werden, denn sie lehren uns Wachsamkeit gegen uns selbst, heißen uns unaufhörlich über die wahren Motive unseres Handelns nachdenken – und in diesen Fragen fallen uns bekanntlich Selbstbetrug und Selbstzufriedenheit besonders leicht. Es sei angemerkt, daß sich zwar alle Tugenden in ihr Gegenteil verkehren können, aber dennoch die einen weniger, die anderen mehr gefährdet sind. Die Tugend der Freundlichkeit gegenüber den Mitmenschen degeneriert wohl seltener als etwa die Wahrheitsliebe, bei der Fanatismus naheliegt, vor allem wenn man glaubt, daß man im Besitz der Wahrheit ist, und die Fähigkeit zu verzeihen birgt weniger Gefahren als der Mut. All diese Dinge wirken in den Lehrbüchern kompliziert, sie sind es hingegen im Leben nicht, wo eigene und fremde Erfahrung uns zur Tugend leitet.

Von der kollektiven Verantwortung

Der Begriff »kollektive Verantwortung« ruft in uns die schlimmsten Erinnerungen wach: an die deutschen Okkupanten während des Zweiten Weltkriegs, die als Vergeltung für ein beliebiges Attentat unschuldige Menschen hinrichten ließen; an die Entführung und Ermordung von Geiseln; an terroristische Anschläge, bei denen viele Unbeteiligte sterben; an den Haß auf Völker, Nationen oder Rassen aufgrund von teils eingebildetem, teils wirklichem Unrecht, das uns von Mitgliedern dieser Gemeinschaften zugefügt wurde. Über solche Dinge aber braucht man nicht zu diskutieren, sie liegen auf der Hand.

Mitunter heißt es, die christliche Lehre von der Erbsünde sei ein Fall kollektiver Verantwortung, weil wir danach für Taten bestraft werden, die die beiden ersten Menschen in einer fernen und unbestimmten Vorzeit begangen haben. Hier aber ist ein Unterschied zu machen. Wenn wir, wie einige Richtungen der christlichen Theologie verkünden, von Adam und Eva nicht nur die Verderbtheit unserer Natur geerbt haben, sondern auch beider wirkliche moralische Schuld, wenn wir leibhaftige Beteiligte an einer Sünde sind, die wir gleichwohl nicht begangen haben, und wenn wir für diese Sünde mit allen Scheußlichkeiten des Lebens von Gott bestraft werden, dann handelt es sich in der Tat um eine kollektive Verantwortung, die dem herkömmlichen Gerechtigkeitsgefühl widerspricht. Deshalb konnten die christlichen Humanisten eine solche Vorstellung von Gott nicht dulden, denn, so sagten sie, in diesem Fall wäre Gott ein unbarmherziger Despot, aber kein liebender Vater.

Wenn aber die Lehre von der Erbsünde diese Prämisse nicht enthält und nur meint, daß die menschliche Natur durch jene Sünde verdorben ist und die Verderbnis auf die Nachkommen übergeht, dann verhält es sich ähnlich wie bei einer Erbkrankheit, die sehr wohl ein Unglück sein kann, sich aber nicht in den Kategorien von Schuld und Sühne beschreiben läßt. Die katholische Kirche behauptet denn auch nicht mehr, daß wir die Schuld an sich erben, sondern nur die Verderbnis, die uns häufig zur Sünde verführt, aber nicht dazu zwingt; wir verantworten also die eigenen Sünden, nicht die der Vorfahren. Das moralisch Böse ist unser Werk, unser Werk sind die Leiden, die wir einander zufügen. Auch das Leiden, das die Natur selbst ohne menschliches Zutun verursacht, ist wohl keine Strafe im eigentlichen Sinn, doch hat die Sünde die Natur womöglich ebenfalls verdorben.

Gibt es einen Kontext, in dem sich die Idee der kollektiven Verantwortung – also einer Verantwortung für etwas, das wir nicht selbst getan haben, das uns aber belastet – vertreten läßt? Ich denke, daß ein Kontext existiert, der dem gängigen Gerechtigkeitsgefühl nicht widerspricht.

Jeder von uns gehört unterschiedlichen Gemeinschaften an, die ihre Identität bewahren, obwohl sich ihre Zusammensetzung ändert. Es ist nur natürlich, daß wir uns mit diesen Gemeinschaften identifizieren, mit der Nation, der Kirche, einer politischen oder gesellschaftlichen Organisation, einer Institution, zum Beispiel einer Schule, einer Universität, einem Krankenhaus, einer Stadt – und daß wir uns identifizieren, heißt, wir haben das Gefühl, das Schicksal dieser Gemeinschaft sei auch das unsere, und zwar nicht nur deshalb, weil ihre Erfolge und Mißerfolge uns persönlich betreffen, sondern auch deshalb, weil diese Gemeinschaft in unseren Augen eine moralische Instanz ist, etwas von bleibendem Wert; denn die Bande, die uns mit ihr verbinden, beruhen nicht nur auf einer Kosten-Nutzen-Rechnung, sondern auf dem Glauben an eine gemeinsame Bestimmung und auf uneigennütziger Solidarität, die wir selbst dann anerkennen, wenn wir gegen sie verstoßen. Es ist daher normal, daß wir an dem Anteil nehmen, was diese Gemeinschaft – an Gutem oder Schlechtem – tat oder tut, und zwar nicht nur hinsichtlich unseres augenblicklichen Vorteils, sondern eines übergeordneten Interesses, das nicht allein materiell, sondern zugleich moralisch ist. Freilich, wir haben gern an den Verdiensten oder Erfolgen unserer Gemeinschaft teil, weniger an ihren Mißerfolgen oder Missetaten. Die Fans der Mannschaft einer Stadt oder eines Landes freuen sich über deren Siege und haben das Gefühl, daran beteiligt zu sein, aber selbst wenn sie bei Niederlagen trauern, so haben sie doch keineswegs das Empfinden, daß auf sie irgendeine Verantwortung fällt, denn schließlich haben sie am Spiel nicht teilgenommen. Wir sind also offenbar nicht geneigt, in diesen Fragen ein Gleichgewicht zu wahren: Bei günstigen Gelegenheiten sind wir schnell dabei, bei ungünstigen zeigen wir lieber auf andere.

Aber Sieg oder Niederlage auf dem Sportplatz haben wenig mit moralischer Last gemein. Die Sache wird schwieriger, wo es um solcherart Belastung geht. Die wichtigste Frage ist vielleicht diejenige nach nationaler Mitverantwortung. Jede europäische Nation hat in ihrer Geschichte dunkle Seiten, die sie gern vergessen machen möchte (oder vielmehr: jede außer der eigenen).

Dürfen wir *fordern*, daß Menschen, die an Untaten persönlich in keiner Weise beteiligt waren, sich zu einer Schuld bekennen oder Scham empfinden? Dürfen wir verlangen, daß Deutsche, die im Krieg, kurz davor oder danach geboren wurden, sich für die Verbrechen Hitlers verantwortlich fühlen? Daß die gegenwärtigen Amerikaner für die Versklavung und Tötung der Indianer, die Engländer für die Ausbeutung von Kindern in der Viktorianischen Zeit und die Polen für die religiösen Verfolgungen des 17. Jahrhunderts oder für die verheerende Politik gegenüber nationalen Minderheiten in der Zwischenkriegszeit ein Schuldgefühl entwickeln sollen? Die Antwort muß wohl lauten: Nein, *von anderen fordern* können wir dies nicht, aber von uns selbst können und sollten wir es verlangen, denn es trägt zu unserem psychischen Wohlbefinden bei (in Wirklichkeit ist es natürlich meist umgekehrt: von anderen fordern wir, uns selbst aber verzeihen wir, weil wir kollektive Verantwortung ablehnen). Wir sind für unsere Vorfahren nicht persönlich verantwortlich, doch wenn wir die Nation als eine geistige und moralische Einheit betrachten, die ihre Identität über einen langen Zeitraum bewahrt, obgleich die Generationen einander ablösen, dann ist es sicher richtig anzunehmen, daß es neben der individuellen Verantwortung auch eine kollektive gibt, die die Nation als Kontinuum begreift. Man könnte die Situation mit dem Erbfall vergleichen, bei dem man mit dem Besitz der Eltern auch deren Schulden übernimmt; doch die Analogie stimmt nur zum Teil: Wir müssen das Erbe ausdrücklich *antreten*, können es aber auch ausschlagen, was uns nicht unbedingt verübelt wird, doch wenn wir es einmal angenommen haben, sind wir gesetzlich zur Abzahlung der Schuld verpflichtet.

Unter diesen beiden Aspekten unterscheidet sich die kollektive Verantwortung von der Erbschaft: Wir sind rechtlich nicht gezwungen, für die Sünden unserer

Vorväter einzustehen, es liegt aber auch nicht in unserer Macht, das Erbe auszuschlagen, sofern wir uns zu einer nationalen Gemeinschaft bekennen. Wir sind rechtlich nicht gebunden und sollten auch von anderen nicht dazu aufgefordert werden, aber, ich wiederhole, es ist eine Frage des geistigen Wohlbefindens der Nation, daß wir uns zur Verantwortung und, wo nötig, auch zu Schuld und Scham bekennen. Anderenfalls werden wir nicht geheilt; wir werden den Schatten der Lüge tragen und nicht widerstehen können, wenn neue, in mancher Hinsicht ähnliche Situationen auftreten, in denen wir die nationale Würde verteidigen müssen.

Analog verhält es sich wohl mit religiösen Gemeinschaften. Es trägt zur geistigen Gesundung einer Kirche bei, wenn sie zu sagen vermag (wie es die römisch-katholische Kirche heute zu ihrer Ehre tut), daß sie Unrecht, Verbrechen und Verfolgung aller Art, einst in ihrem Namen begangen, bedauert und bereut und sich nicht mit der Floskel zufriedengibt: »Das waren nicht wir, das waren andere.« Die Kirche ist seit Jahrhunderten ein kollektiver Organismus, weit stärker als die Nation hierarchisch gegliedert, frühere Schuld ist ihre Schuld und nicht das Werk anonymer Kräfte oder eine Sache längst verstorbener Individuen.

Könnte man nicht einwenden: Aber ich gehöre weder zu einer Nation noch zu einer Kirche, noch zu irgendeiner anderen Gemeinschaft, die angeblich moralische Kontinuität besitzt, mich gehen die Erfolge oder Mißerfolge, die gute oder böse Vergangenheit nichts an, ich folge allein meinen Interessen und nichts sonst? Einwenden kann man es, aber nicht in gutem Glauben. Wenn wir uns offen von der Teilhabe an jeglicher Gemeinschaft lossagen, uns mit niemandem solidarisieren, dann können wir zwar existieren, jedoch wird es eine armselige und unglückliche Existenz sein, in der wir nicht mit Solidarität oder Hilfe anderer bei Mißerfolgen oder Niederlagen rechnen können, wie sie jedem widerfahren. Gleichgültigkeit gegenüber anderen wird uns dann heimgezahlt, ohne daß wir uns darüber beklagen können.

Es ist normal, daß wir ganz ohne unser Zutun auf die Welt kommen; später, wenn wir selbst bestimmen können, sind viele Situationen weitgehend, wenngleich nicht gänzlich von uns unabhängig, aber dennoch müssen wir uns zu ihnen bekennen.

Vom Glücksrad

Manche meinen, Lotterie oder Roulette zu spielen sei Unsinn, weil die Chancen stets gegen uns stehen. Andere sagen sogar, es sei unmoralisch. Über solche Kritik sollte man ruhig einmal nachdenken, denn sie berührt einen wichtigen Bereich in unserem Leben.

Natürlich weiß jeder, daß beim Glücksspiel oder in der Lotterie die Chancen für den Spieler immer schlecht stehen, ansonsten würde das Spiel nicht florieren. Die Betreiber einer Lotterie erwähnen in der Regel, wie groß die Wahrscheinlichkeit eines Hauptgewinns ist, und sie ist stets gering. Folgt daraus, daß Spielen unvernünftig sei? Nein, keinesfalls. Die Chancen sind zwar gegen uns, aber es gibt eine Chance auf den großen Gewinn, und es ist nicht unvernünftig, sein »Glück zu versuchen«, wie es so schön heißt. Unvernünftig ist es nur dann, wenn wir Gewohnheitsspieler werden, wenn das Spiel als Rauschmittel dient und wir uns ruinieren, um unsere Sucht zu befriedigen. Die Mehrheit aber wird nicht abhängig und setzt nur einen Bruchteil ihres Besitzes aufs Spiel. Daß die Chancen gegen uns sind, ist im allgemeinen nichts Besonderes und muß uns nicht unbedingt entmutigen. Glücksspiele unterscheiden sich von anderen Risiken im Leben dadurch, daß die Chancen exakt berechenbar sind und wir nichts tun können, um sie zu unseren Gunsten zu verändern.

Wirklich nicht? Manche glauben, sie könnten es, und zwar durch eine geheime Verbindung oder Verwandtschaft mit den Zahlen: Bestimmte Zahlen seien ihnen gewogen, andere nicht, und dementsprechend versuchen sie das Los oder das Roulettespiel zu beeinflussen. Dieser Glaube gilt als naiver Aberglaube, und doch gehört er zu jenen, die fast unausrottbar sind.

Andere meinen, einige könnten durch Psychokinese Gegenstände bewegen und so den Mechanismus des Roulettes oder der Lotterie dazu bringen, daß die richtigen Zahlen fallen. Falls es solche Menschen wirklich gibt, dann halten sie ihre Fähigkeiten gewiß vor den anderen geheim.

Tatsächlich steckt in uns etwas, das gegen die Idee des *Zufalls* rebelliert, und dies im doppelten Sinn. Einst war unter Physikern die Auffassung weit verbreitet, daß alle Vorgänge durch die Bedingungen, unter denen sie sich ereignen, genau determiniert seien und die Wahrscheinlichkeit nur ein Maß für unser Unwissen sei, denn wir kennen die Bedingungen niemals bis ins letzte. Heute erklären die Physiker eher, die Wahrscheinlichkeit sei eine Eigenheit der Welt, sie sei der Realität inhärent, und dies können wir oft nur schwer verstehen. Noch mehr aber betrübt uns jene Theorie, nach der hinter den Zufällen, aus denen die Welt besteht und die in den Dingen wirken, kein Zweck und kein Sinn verborgen sei. Wir wissen natürlich, daß die Entwicklung der Menschheit, die ganze Anstrengung der Zivilisation darauf beruht, den Anteil des Zufalls an den uns betreffenden Ereignissen zu minimieren; dies gelingt in einem gewissen, häufig in beträchtlichem Grade, indem wir die Natur zum Gehorsam zwingen. Dahinter steckt jedoch unsere eigene, menschliche Absicht, unser Wille. Die Entwicklung der Menschheit wird beständig von dem Glauben begleitet, daß die Zufälle im natürlichen Lauf der Dinge gar keine Zufälle seien, daß sich hinter ihnen die Absicht beziehungsweise der Wille Gottes verberge, der nicht direkt sichtbar, mit einiger Mühe aber zu entschlüsseln sei. Es sei also kein Zufall, sondern der Ratschluß einer höheren

Macht, daß Alois der Hauptgewinn in der Lotterie zugefallen, der Sepp aber an einem Knochen erstickt und gestorben ist. Man müsse die geheime Schrift nur zu lesen verstehen.

Und hier liegt das Problem. Es sind schon Geheimschriften ausgedacht worden, die mit analytischen Mitteln nicht zu entschlüsseln waren, die nur einer lesen konnte, der den Schlüssel besaß. Solch eine Schrift ist leicht anzuwenden, Sender und Empfänger benötigen dafür nur die gleiche lange Reihe zufälliger Zahlen oder zufällig aufeinanderfolgender Nullen und Einsen, dann hat der Auflöser nichts als jene zufällige Reihung von Nullen und Einsen vor sich, und ihm hilft keine Häufigkeitsanalyse, sei der chiffrierte Text auch noch so lang; zur Entschlüsselung muß der Schlüssel her. Wenn die Menschen also Schriften geschaffen haben, die nicht zu entziffern sind, dann – so darf man annehmen – kann das auch der liebe Gott, sofern er den Sinn seiner Zeichen zu verschleiern wünscht. Falls er solches beschlossen hat, ist all unsere Mühe umsonst, seine Absichten in der zufälligen Folge der Ereignisse zu entziffern, der Schlüssel ist sicher verwahrt, und wir wissen nicht, weshalb Alois und nicht Sepp das große Los gezogen hat. Wahr ist aber, daß die Menschen unermüdlich die geheimen Bedeutungen herausfinden wollten und dies weiterhin wollen.

Doch leiten uns in dieser Frage, wie auch in vielen anderen, widerstreitende Empfindungen. Einerseits möchten wir den Zufall ertragen und den vorhandenen Sinn im Chaos der Ereignisse ergründen. Andererseits lockt uns das Risiko; wie oft sind wir geneigt, das Schicksal herauszufordern und ins Ungewisse aufzubrechen, Dinge zu versuchen, deren Folgen unbekannt sind, doch ohne diesen Hang wären die meisten großen Entdeckungen der Menschheit nicht gemacht worden.

Dieses Risiko haben nicht nur die großen Abenteurer und Entdecker neuer Welten, die Verursacher von Kriegen und sozialen Reformen auf sich genommen – es tragen auch Forscher, die neue Wege in der Wissenschaft zu gehen versuchen, Romanciers und Lyriker, und letztlich ein jeder von uns: Es ist ein Risiko, ein Kind zu gebären, ein Medizinstudium zu beginnen oder sich zum ersten Mal hinter das Lenkrad zu setzen. Zwei Seelen wohnen in unserer Brust: Die eine möchte Ruhe und Sicherheit, die andere sucht die Emotion im Unbekannten und Gefahrvollen.

Lotteriespiel ist kein Ausdruck von Unverstand. Aber ist es nicht unmoralisch? Dies meinen jene, die glauben, der Teilnehmer erstrebe Güter, die ihm nicht zustehen, auf die er keinen Anspruch hat und die ihn, falls ihm das Glück hold ist, ohne Anstrengung, Arbeit und Verdienst zu einem reichen Mann machen. Aus diesem Grund verdammen manche Pfarrer das Glücksspiel, denn sie setzen voraus, ohne dies jeweils konkret zu äußern, der Herrgott wolle, daß wir die schönen Dinge des Lebens durch eigener Hände Fleiß erwerben. In einigen kommunistischen Ländern hat es, wie wir wissen, zeitweise keine Lotterien gegeben, sie entstanden erst wieder beim allmählichen Zerfall des Systems. Die scheinbare ideologische Begründung für diesen Tatbestand deckte sich mit dem Argument jener Geistlichen: Die Leute sollten durch eigene Arbeit das bessere Leben schaffen und nicht auf ein blindes Schicksal hoffen. In Wahrheit war der ideologische Grund ein anderer: Obwohl der Staat beträchtliche Einnahmen aus dem Lotteriespiel erzielen konnte, hätten doch auch einzelne Bürger Gewinne gemacht, und zwar ohne Zutun des Staates, wohingegen es ein Grundsatz des Kommunismus ist oder war, daß der Staat als Verteiler aller Güter auftritt; was der einzelne besitzt, gewährt ihm der Staat.

Sicherlich waren auch Reste alter, egalitärer Ideologien virulent.

Ist es wirklich unmoralisch, Güter in Anspruch zu nehmen, die man nicht selbst erarbeitet hat? Das darf bezweifelt werden. Wer materielle Güter von seinen Vorfahren erbt, hat sie auch nicht selbst erarbeitet, und unsere Welt ist ohne das Prinzip der Vererbung schwer vorstellbar (bedenken wir nur, was sich alles ändern müßte, wenn dieses Prinzip abgeschafft würde, wie es einige Anarchisten verlangen).

Die Menschen erben darüber hinaus zahlreiche Fähigkeiten oder Talente, die ihnen das blinde Spiel der Gene zugedacht hat, obwohl meist einige Mühe erforderlich ist, um sie entsprechend zu nutzen. Wir ahnen, daß ein großes musikalisches oder mathematisches Talent viel Übung erfordert, damit es Früchte trägt, obwohl die genetische Komponente bestimmt sehr wichtig ist. Wir alle wissen, daß es eine schöne Frau im Leben meist leichter hat als eine, der das Schicksal Schönheit vorenthalten hat, obwohl auch die erstere einige Mühe darauf verwenden muß, die angeborenen Vorzüge zu pflegen, und selbst ein herausragender Schachspieler muß sich anstrengen, obwohl das Talent von Geburt an in ihm schlummert. Unverdiente Güter zu nutzen kann allein nicht unmoralisch sein, denn für die Verteilung der Zufälle gibt es keine gerechten Regeln, es sei denn, dieser Verteilung wohne eine göttliche Absicht inne, die wir nicht zu enthüllen vermögen. Das große Los in der Lotterie verlangt zwar keine Anstrengung und erscheint uns deshalb ungerechter als ein ererbtes Talent, doch der Ausdruck »ungerechter« erklärt gar nichts, denn gerade die Kategorie »Gerechtigkeit« läßt sich nicht auf den Zufall anwenden, mit anderen Worten: Was der Zufall bewirkt, kann günstig oder ungünstig, nicht jedoch gerecht oder ungerecht sein.

Vom großen Verrat

Fast alle werden wir als Mitglieder einer ethnischen Gemeinschaft geboren; diese Zugehörigkeit ist vorgegeben, wir wählen unser Volk nicht aus, ebensowenig wie die Familie. Unsere späteren zwischenmenschlichen Bindungen – freundschaftliche, berufliche, politische, sexuelle oder gesellschaftliche – beruhen hingegen meist auf freier Entscheidung.

Es könnte scheinen, als seien die von unserem Willen unabhängigen Beziehungen unverbindlich, als erlegten sie uns keine Verpflichtungen auf – denn schließlich habe ich weder für mein Volk gestimmt noch meine Eltern gebeten, mich auf die Welt zu bringen –, als seien vielmehr jene Zugehörigkeiten verpflichtend, die wir freiwillig eingegangen sind. In Wirklichkeit empfinden wir eher umgekehrt: Gerade die Loyalität gegenüber dem eigenen Land und der eigenen Familie, gegenüber den nächsten Verwandten gilt als unbedingte Pflicht, Verrat daran als besonders frevelhaft, während wir die zwischenmenschlichen Beziehungen, die wir selbst gewählt haben – zum Beispiel politische Organisationen –, auch selbst und aus eigenem Willen auflösen können, ohne gleich der Verdammnis anheimzufallen. Zwischen beiden Formen von Loyalität existiert eine dritte: die Loyalität gegenüber der religiösen Gemeinschaft beziehungsweise Kirche. Sie nimmt eine Zwischenstellung ein, denn obwohl uns die religiöse Zugehörigkeit nicht angeboren ist (dies bestätigte schon der heilige Hieronymus), entscheidet darüber in der überwiegenden Mehrheit der Fälle die Gemeinschaft, in die hinein wir geboren werden, und wenn man Kinder gleich nach ihrer Geburt tauft, so wie in der römisch-katholischen Kirche, dann ergibt sich die religiöse Zugehörigkeit fast immer aus der familiären. Daher werden der Wechsel des Bekenntnisses oder die Aufgabe der religiösen Gemeinschaft schmerzlich empfunden und von dieser Gemeinschaft verurteilt, im Islam zieht der Abfall vom Glauben automatisch die Höchststrafe nach sich.

Und doch ist es keineswegs verwunderlich, daß Verrat an der Gemeinschaft, der wir nicht aus freien Stükken, sondern durch den Zufall der Geburt angehören, besonders scharf verurteilt wird. Ein Volk ist, ähnlich wie das menschliche Individuum, ein Werk der Natur, es ist nicht zweck- oder planvoll entstanden und braucht seine Existenz nicht zu begründen: Es ist einfach da und daher rechtskräftig. Ähnlich verhält es sich mit jedem einzelnen Menschen: Da er lebt, ist er rechtskräftig. Weil wir ohne Akt der Entscheidung einem Volk zugehören, tragen wir diese Zugehörigkeit gleichsam in uns; indem wir sie veräußern und ihr die Rechtskraft absprechen, töten wir gewissermaßen das Volk selbst.

Anders ist es um Gemeinschaften bestellt, denen wir kraft eines Willensakts zugehören, etwa politischen Parteien oder Kirchen (unter dem soeben geschilderten Vorbehalt). Diese Gemeinschaften müssen ihre Existenz begründen, sie wollen etwas, bezwecken etwas, ihre Existenz wird durch die Aufgaben legitimiert, die sie erfüllen. Die Kirche bewahrt die Wahrheit und spendet die Güter, die für ein ewiges Leben vonnöten sind. Die Partei ist ebenfalls Trägerin der Wahrheit sowie eine Quelle der Energie, die uns entweder das Heil auf Erden sichert, indem sie zum Beispiel eine ideale Welt errichtet und deren Feinde vernichtet oder wenigstens einige Dinge erledigt, die das Wohl der Menschheit betreffen. Angenommen, ich bin Mitglied einer Sekte, doch plötzlich merke ich, daß diese Sekte das Werk eines Scharlatans und Betrügers ist, der sich für Gott ausgibt, um von seinen Anhängern Geld und sexuelle Hörigkeit zu erschleichen; ich trete also aus der Sekte aus, das heißt, ich verrate sie. Ebenso kann ich eine Partei verlassen oder verraten, wenn ich der Meinung bin, ihr Ziel sei Sklaverei, aber nicht die Befreiung der Menschheit. Im allgemeinen wird hier das Wort »Verrat« von Mitgliedern der Sekte oder der Partei ganz natürlich gebraucht, nicht jedoch von Außenstehenden, denn das Wort selbst ist nicht neutral, es enthält eine Verurteilung, wohingegen die Mehrheit unter uns Menschen nicht verurteilt, wenn sie aus einer Sekte, die von einem verrückten Betrüger in Amerika gegründet wurde, aus einer faschistischen oder kommunistischen Partei austreten. Wir benutzen das Wort »Verrat« in der Regel so, daß niemand sagen kann, Verrat sei mitunter gut, weil die verratene Gemeinschaft nichts anderes verdient habe. In einem solchen Fall entscheiden meine eigenen Überzeugungen darüber, ob es sich um Verrat handelt oder nicht: Ein Deutscher, der im Krieg für die Alliierten, also für die Gegner des Dritten Reichs, gearbeitet hat, ist demnach kein Verräter, sondern ein tapferer Verteidiger der guten Sache. Anders gesagt, ob wir etwas als Verrat betrachten oder nicht, hängt offenbar davon ab, was nach unserer Meinung als moralische Pflicht oder zumindest als moralisch gut gelten kann.

Sofort erkennen wir, daß wir uns in Doppeldeutigkeiten verstricken. Wir wollen nicht sagen, daß Verrat richtig sein kann, denn damit laden wir dem Begriff Verrat unsere eigenen politischen und moralischen Ansichten auf, die keineswegs einleuchtend sein müssen. Sicherlich, jemanden der Todesgefahr auszusetzen, der ein Recht auf unsere Loyalität hat, ist ein besonders abschreckender Fall von Verrat, weshalb Judas und Brutus in Dantes Hölle ganz tief unten sitzen.

Aber auch Hitler hatte gewiß ein Recht auf Loyalität von seiten seiner Generale, und doch schicken wir diejenigen nicht zur Hölle, die ihn verrieten und töten wollten. Es besteht also ein Unterschied zwischen Staat und Volk, und zum Wohl des Volkes dürfen wir uns vom Staat lossagen (ihn verraten), wenn er ein Instrument des Bösen ist, selbst wenn dieser Staat von der Mehrheit des Volkes gestützt wurde und souverän wäre wie etwa Hitlerdeutschland oder Stalins Sowjetunion, nicht aber gewaltsam unterdrückt wie Mitteleuropa nach dem Zweiten Weltkrieg. In unserem 20. Jahrhundert ist es schwierig, sich die Sentenz zu eigen zu machen: »Right or wrong – my country!« Im 19. Jahrhundert war es einfacher, sich dazu zu bekennen, daß man den König oder das Land nicht verraten dürfe, auch wenn er oder es schwer gesündigt hatte, sofern es denn wirklich mein Land war und nicht irgendein Eroberer. Im 20. Jahrhundert ist nicht mehr die Bindung an die Tradition, nicht die nationale Loyalität, sondern die Ideologie entscheidend: Wenn die Ideologie stimmt, dann ist Verrat kein Verrat. Wir können nicht vorbehaltlos anerkennen, daß Verrat erlaubt sei, wenn der Staat selbst nicht legal ist, denn nach welchen Kriterien entscheiden wir über die Legalität eines Staates? Nach dem Völkerrecht ist jeder Staat legal, der von der sogenannten Völkergemeinschaft, das heißt der UNO, anerkannt wird; darunter aber sind die abscheulichsten Tyranneien, Staaten, die vor Völkermord nicht zurückschrecken und die zu verraten ein Verdienst sein müßte. Doch wenn sich die Ideologien unterscheiden, dann gibt es auch keine Einigkeit in der Beurteilung des Verrats. Die sowjetischen Agenten, die gegen demokratische Länder eingesetzt waren, um die kommunistische Tyrannei zu unterstützen, handelten überwiegend aus ideellem Antrieb, jedenfalls in der Anfangszeit (in den letzten Jahrzehnten taten sie es eher für Geld oder aus Zwang).

Soll man sagen, die Agenten des sowjetischen Spionagerings von Cambridge sind gerechtfertigt, weil sie aus ideellen Motiven gehandelt haben? Oder sind sie es nicht, weil ihre Ideologie falsch und verbrecherisch war? Hier liegt eine Schwierigkeit. Ideologische Motive sind oft nichts anderes als Emotionen, doch wenn Emotionen als Rechtfertigung genügen, dann läßt sich alles rechtfertigen, und der Begriff des Verrats als etwas Böses verliert seinen Sinn.

Und dennoch spüren wir, daß wir nicht beim Aufzeigen von Zweideutigkeiten und Unklarheiten stehenbleiben dürfen, daß wir den Begriff des Verrats als etwas von Natur aus Böses benötigen und daß wir ihn beschreiben können, ohne eine politische Ideologie oder Philosophie zwingend vorauszusetzen. Dazu brauchen wir jedoch einfache, klare Unterscheidungen zwischen Gut und Böse. Wer beispielsweise die Geheimnisse anderer, die ihm anvertraut sind, preisgibt – ob zum eigenen Nutzen oder zum Vergnügen –, der begeht ganz offenkundig Verrat.

Wo einzelne Menschen verraten oder verleugnet werden, ist am leichtesten zu ermitteln, was Verrat ist, selbst wenn das Opfer den Verrat vergeben kann, wie das Beispiel des heiligen Petrus lehrt, der sich von seinem Herrn und Heiland im Augenblick der Gefahr lossagte und doch von ihm, der dies vorausgesagt hatte, zum Nachfolger und zum Fels der Kirche bestimmt wurde. Die theologischen Interpretationen dieses berühmten Ereignisses können wir übergehen.

Politischer Verrat hingegen ist im allgemeinen zweideutig, und das aus mehr als einem Grund: Erstens sind Gut und Böse in der Politik meist nicht deutlich voneinander geschieden, nur selten kommt es zu so eindeutigen Situationen wie im Zweiten Weltkrieg; zweitens müssen wir deshalb zwischen größerem und kleinerem Übel unterscheiden und zubilligen, daß Menschen, die im Krieg für den sowjetischen Geheimdienst und gegen die Deutschen gearbeitet haben, trotz allem, was wir über den Kommunismus und die Folgen des Krieges wissen, Verdienste erworben haben, weil sie gegen den schlimmsten Dämon, das heißt das Hitlerregime, kämpften; drittens darf man die Motivationen nicht vergessen: Wer eine schlechte Sache verrät, dies aber aus Eigennutz und nicht um der Sache willen tut, verdient keine Achtung, so wie andererseits jene nicht entlastet sind, die der schlechten Sache aus ideellen und nicht aus egoistischen Motiven dienen – falls es unproblematisch ist, die schlechte Sache zu durchschauen. Wir müssen uns freilich damit abfinden, daß es in der Politik das absolut Gute nicht gibt, was leicht zu der – eher zweifelhaften – Annahme führen kann, es gäbe auch das absolut Böse nicht.

Es ist unschwer vorherzusehen, daß sich die Menschen noch des öfteren über die Bewertung von Einzelfällen streiten werden: Verdient dieses oder jenes Verhalten den Namen Verrat? Wenn wenig Zweifel in Fällen besteht, bei denen einzelne die Opfer sind, nicht aber Staaten, Völker oder Kirchen, dann besitzen wir damit immerhin einen Anhaltspunkt, und wenn wir wissen, woran wir uns zu halten haben, dann werden unsere Zweifel auch dort abnehmen, wo es um Staaten, Völker oder Kirchen geht.

Von der Gewalt

Gewalt ist ein Bestandteil der Kultur, nicht aber der Natur – denn wir sagen nicht, die Schwalbe, die eine Mücke verschluckt, oder der Wolf, der ein Reh reißt, übten Gewalt. Wir sagen auch nicht, von militanten Tierschützern abgesehen, das Kochen einer Krabbe sei Gewalt. Das Wort ist den zwischenmenschlichen Beziehungen vorbehalten und bezieht sich auf jede Anwendung oder Androhung von Stärke, mit der andere zu einem bestimmten Verhalten gezwungen, bestimmte Taten verhindert oder andere zum eigenen Vergnügen geschädigt werden sollen. Gewöhnlich unterscheiden wir gerechtfertigte und ungerechtfertigte Gewalt, denn es ist klar, daß staatliche Institutionen – Polizei, Gerichte, Gesetzgebung – Gewalt anwenden, um Verbrechen aller Art zu verhindern oder zu ahnden.

Hier aber sind Zweifel angebracht; es gibt schließlich Menschen, die jegliche Gewalt verurteilen, obgleich man sich schwerlich eine Welt vorstellen kann, in der nichts strafbar ist. Manche berufen sich dabei auf die Bergpredigt und auf die Aufforderung Jesu, Böses nicht mit Bösem zu vergelten. Das ist jedoch kein überzeugendes Argument. Jesus sprach von der Haltung des einzelnen Menschen im Angesicht fremder Gewalt; er selbst gab mit seinem Leiden und Sterben ein Beispiel, wie man nicht aus Angst, sondern aus geistiger Kraft der Gewalt widerstehen und dennoch die Welt erobern kann. Er sprach nicht von der Bildung eines Staates und hinterließ keine politische Doktrin; er lebte in der Erwartung des Weltendes, ohne dessen Zeitpunkt, wie er selbst gestand, zu kennen. Und er selbst gebrauchte Gewalt, als er die Händler aus dem Tempel trieb.

Gewalt war ein Bestandteil der Menschheitsgeschichte von allem Anfang an, und dazu gehörte die organisierte kollektive Gewalt, der Krieg. Daraus folgt nicht, Krieg und Gewalt befänden sich in Einklang mit der Natur und dienten dem Leben, obwohl einige dies behauptet haben; sie sagten, Krieg sei eine Gelegenheit, männliche Tugenden wie Mut und Opferbereitschaft zu beweisen, im Krieg bildeten sich geistige Größe, Heldentum und Leidensfähigkeit heraus. In der Tat ist schwer zu bestreiten, daß Mut eine gute Sache ist, doch in jenen Lobpreisungen ging es darum, daß der Krieg gut sei, weil er Tugenden fördere, die im Krieg nützlich sind. Darin lag die unausgesprochene Anerkenntnis, daß es Kriege immer gegeben habe und immer geben werde.

Doch sosehr man annehmen darf, daß bestimmte Formen der Gewalt der Menschheit für alle Zeit erhalten bleiben, so wenig sicher ist, daß auch Kriege dazugehören. Es gibt Gründe zu vermuten, daß Kriege sich fürderhin ereignen werden, nicht nur infolge uralten Stammeshasses, sondern auch im Ergebnis realer Konflikte, etwa um den Zugang zu Trinkwasser oder zu fruchtbarem Boden, vielleicht einfach um Siedlungsraum, falls die Bevölkerungsdichte unerträglich wird. Doch die Verherrlichung des Krieges als solchen erscheint der Mehrheit der Menschen, die den Zweiten Weltkrieg mit seinen Scheußlichkeiten erlebt haben, wohl als unbegreiflicher Wahn. Proudhon und danach Sorel haben den Krieg gepriesen, aber wer das in späteren Generationen getan hat, wie etwa Ernst Jünger, meinte den Ersten Weltkrieg.

Heute trifft man selten Leute, die den Krieg als solchen verherrlichen, und die zahllosen Stammesfehden in Afrika oder die Greuel in Bosnien geben für die Glorifizierung des Kriegshandwerks nicht viel her. Jedenfalls ist bemerkenswert, daß unter den zahlreichen großen und kleinen Kriegen, die seit Ende des Ersten Weltkriegs an fast allen Ecken und Enden der Welt stattfanden, nicht ein einziger war, bei dem sich auf beiden Seiten demokratisch regierte Länder gegenüberstanden. Tyrannei gebiert Krieg. Mit Sicherheit hatten und haben die demokratischen Länder viele Sünden auf dem Gewissen und bisweilen Gewalt in der Weltpolitik angewandt, doch sie haben nicht gegeneinander gekämpft, sondern Mechanismen geschaffen, mit deren Hilfe Konflikte durch Verhandlungen und Kompromisse gelöst werden können, Betrug und Erpressung des öfteren eingeschlossen, nicht aber durch bewaffneten Kampf. Die stereotype Gegenüberstellung von Athen und Sparta hat ihre Berechtigung. Unsere Kultur stammt tatsächlich aus Athen, einer Hafenstadt, in der die jungen Menschen (Bürger natürlich, nicht Sklaven) in der Liebe zur Poesie, zur Kunst und Philosophie erzogen wurden, nicht jedoch aus Sparta, wo militärische Fertigkeiten in der Erziehung deutlich dominierten; aber auch Athen führte eine imperiale Politik. Obwohl man also annehmen muß, daß Gewalt in der Realität unvermeidlich ist, obwohl man auf Gewalt vorbereitet sein sollte, braucht man dennoch nicht zu lakedämonisieren (das heißt spartanisch zu denken) und in Gewalt mehr als ein notwendiges Übel zu erblicken.

Die Unterscheidung zwischen gerechtfertigter und ungerechtfertigter Gewalt oder – was ein Sonderfall davon ist – zwischen Verteidigungs- und Angriffskrieg scheint einzuleuchten, doch gibt es nur wenige Fälle, die keinen Zweifel zulassen. In unserem Jahrhundert wurden, wie wir wissen, alle überfallen, niemand bezeichnete sich als Aggressor, selbst wenn die ideologischen Grundlagen für Aggression vorhanden waren (der Bedarf an *Lebensraum* für die höhere Rasse in Hitlers Doktrin oder der Leninsche Grundsatz, daß nur der Klasseninhalt des Krieges zähle, nicht die Frage nach dem Verursacher, so daß jeder Krieg gerecht ist, wenn er von einem sozialistischen Staat, dem Instrument der fortschrittlichen Klasse, geführt wird). In einigen Fällen war die Identifikation des Aggressors einfach (Deutschland 1939, Japan 1941, die Sowjetunion 1939 sowie 1956 in Ungarn, Nordkorea 1953), häufig aber sind Zweifel erlaubt, und die Frage »Wer hat angefangen?« ist oft ebenso schwer zu beantworten wie bei einer Schlägerei in der Schule (»er hat mich umgestoßen«, »weil er mich getreten hat«, »weil er mich geschubst hat«, »weil er mich Schwein genannt hat«, »ist nicht wahr, mich hat er beleidigt« usw.).

Wie gerechtfertigte von ungerechtfertigter Gewalt begrifflich zuverlässig zu unterscheiden sei, ist also eine mißliche Frage, obgleich sie, ich wiederhole es, in vielen Einzelfällen kein Problem darstellt. Kinder aus erzieherischen Gründen zu schlagen bedeutet Gewalt, und gewiß kommt man ohne sie aus, doch die vorbeugenden Maßnahmen gegenüber Kleinkindern, damit diese sich keine Verletzung zuziehen, betrachten wir nicht als Gewalt. Und wie verhält es sich mit der sogenannten Indoktrination, bei der wehrlosen Kindern bestimmte Überzeugungen aufgenötigt werden? Jede Einweihung in die Kultur ist eine Indoktrination; sollen wir also sagen, daß man Indoktrination mit guten Absichten, Überzeugungen und Normen von derjenigen mit schlechten unterscheiden und nur die letztere als Gewalt bezeichnen darf? Dann aber beziehen wir in die Definition der Gewalt die eigene Weltsicht ein, was kaum zu billigen ist.

Darf man im allgemeinen von einer »moralischen Gewalt« sprechen, bei der es keinen physischen Druck gibt? Der Erpresser gebraucht Gewalt, aber gebraucht sie auch derjenige, der in einen Hungerstreik tritt, um zum Beispiel der Staatsmacht gewisse Zugeständnisse abzuringen? Ein Häftling, der mit einem Hungerstreik gegen unmenschliche Haftbedingungen protestiert, ist wohl im Recht, sofern er keine anderen Möglichkeiten hat; aber wer auf diese Weise von einer demokratischen Regierung politische Zugeständnisse erzwingen will, ist keineswegs entschuldigt.

Beim Versuch der Unterscheidung zwischen gerechtfertigter und ungerechtfertigter Gewalt kommt man nicht ohne die Bewertung der Ziele aus, um die es geht. Dort, wo das Ziel über jeden Zweifel erhaben ist und wo – dies sei betont – keine anderen Möglichkeiten bestehen, ist Gewalt berechtigt, wenn auch nicht immer vernünftig. Im Kampf gegen eine grausame Tyrannei läßt sich ohne Gewalt nichts ausrichten, und selbst christliche Theologen haben den Tyrannenmord gerechtfertigt. In totalitären Ländern haben wir einen wirksamen Kampf ohne Gewalt erlebt. Doch das war zu Zeiten, als der Totalitarismus schon große Schwächen zeigte; als er stark und bedenkenlos in seinen Mitteln war, blieb der Kampf wirkungslos, das Regime war in der Lage, jeden Ungehorsam im Keim zu ersticken und zu verhindern, daß darüber etwas nach außen drang.

Das Ziel, das Gewalt rechtfertigen kann, muß klar umrissen und verständlich sein, etwa die Erringung der Unabhängigkeit für ein unterdrücktes Land, die Tötung eines grausamen Despoten oder die Bestrafung eines Verbrechers. Die jungen Leute, die in den sechziger Jahren zu Gewalt aufriefen und selbst zur »revolutionären« Gewalt schritten, um eine »alternative Gesellschaft« zu errichten, über die sie absolut nichts auszusagen wußten, worauf sie auch noch stolz waren, besaßen nicht die geringste Rechtfertigung (ähnlich wie ihre Lehrer, etwa Sartre oder Marcuse). Sie hatten sich in den Kopf gesetzt, die demokratischen Institutionen zu zerstören und ihre eigene Tyrannei einzuführen. Zum Glück verlief das Ganze im Sande. Zur gleichen Zeit nahmen in den kommunistischen Ländern Menschen den Kampf mit der Waffe des Wortes auf, und zwar ohne Gewalt – die Gewalt war hundertprozentig auf seiten der Herrschenden –, dieser Kampf war schließlich erfolgreich, denn er veränderte, wenn auch langsam, das Denken der Menschen; er zeigte, daß man die Angst überwinden konnte, er entlarvte die Lügen und das Unrecht der Macht. Damals hätten sich gewisse Formen von Gewalt rechtfertigen lassen, doch wären sie praktisch wirkungslos gewesen.

Es ist leicht gesagt, wir wollen eine Welt ohne Gewalt, doch niemand hat bisher ein vernünftiges Rezept dafür vorgelegt. Absolut jegliche Gewalt abzulehnen heißt, das Leben abzulehnen. Vernünftig hingegen ist, sich um eine Welt zu bemühen, in der Gewalt allein gegen Knechtschaft, Verbrechen, Aggression und Tyrannei gerichtet ist. Vernünftig ist dies auch dann, wenn wir ernste und begründete Zweifel hegen, ob eine solche Welt je existieren wird.

Von der Freiheit

Es gibt zwei ideelle Bereiche, jeder für sich sehr ausgedehnt, innerhalb derer das Problem der Freiheit gewöhnlich erörtert wird; sie sind insoweit logisch voneinander getrennt, als nicht einmal sicher ist, daß das Wort »Freiheit« auf beide zutrifft. Der eine Bereich umfaßt die uralte Frage, ob der Mensch »frei« sei, frei kraft seiner menschlichen Natur, ob er also von Geburt eine unveräußerliche Freiheit besitze. Freiheit in diesem Sinne, unter anderem eine Freiheit der Wahl, die nicht völlig durch Kräfte erzwungen ist, welche außerhalb des individuellen Bewußtseins liegen, ist in der Geschichte unserer Kultur ebensooft bestritten wie bestätigt worden. Der Streit war artverwandt, aber nicht identisch mit der Auseinandersetzung um den allgemeinen Determinismus. Wenn jedes Ereignis zur Gänze durch die Bedingungen vorbestimmt wird, die ihm zugrunde liegen, dann kann von einer Freiheit der Wahl füglich keine Rede sein. Wäre die universelle Kausalität tatsächlich so absolut, dann müßten wir womöglich zu paradoxen Schlußfolgerungen gelangen. Was durch die äußeren Bedingungen gänzlich vorbestimmt ist, ist auch – »im Grunde«, aber nicht unbedingt »technisch« – vorhersehbar. Man könnte also meinen, daß wir unsere Fähigkeiten zur Vorhersage nur entsprechend verbessern müßten, um eines Tages, die Anwendung eines strengen Determinismus vorausgesetzt, etwa folgende Nachricht in der Zeitung zu lesen: »Gestern wurde in der Hauptstadt Janek Kowalski geboren, der später einmal ein herausragender

Komponist sein wird. Um dieses Ereignis zu würdigen, spielt die Warschauer Philharmonie morgen die Dritte Sinfonie, die er im Alter von 37 Jahren schreiben wird.«

Freiheit bedeutet jedoch nicht nur, zwischen mehreren Möglichkeiten wählen zu können, sondern auch Schöpfergeist, die Erschaffung ganz und gar neuer, nicht vorhergesehener Dinge.

Einst glaubten sowohl Physiker als auch zahlreiche Philosophen an einen eisernen Determinismus. Beweise dafür hatten sie nicht, sie hielten diesen Glauben aber für ein Resultat des gesunden Menschenverstands, an dem nur Verrückte zweifeln konnten und das eine unabdingbare Grundlage des rationalen Denkens war. In unserem Jahrhundert ist dieser Glaube geschwunden, was hauptsächlich ein Verdienst der Quantenmechanik, in letzter Zeit auch der Chaostheorie ist. Die Physiker haben das deterministische Dogma verworfen. Daraus darf man freilich nicht schließen, daß die Menschen mit einem freien Willen ausgestattet seien – Elektronen haben keinen freien Willen –, aber man kann sagen, daß die Physik dem Glauben an einen freien Willen nicht entgegensteht. Das tut sie nicht. An die Freiheit der Wahl – in dem erwähnten Sinne – und an die Schaffung von Neuem aber kann, ja muß man meines Erachtens glauben; Freiheit ist eine elementare Erfahrung, die Erfahrung eines jeden Individuums; sie ist so elementar, daß sie sich nicht in Teilchen zerlegen läßt, die man einzeln analysieren könnte, weshalb Freiheit als unbeweisbare Wirklichkeit erscheinen mag. Es gibt gleichwohl keinen Grund, dieser Erfahrung zu mißtrauen, obschon sie elementar ist. Wir sind wahrhaftig die Verursacher unserer Taten und nicht nur Werkzeuge irgendwelcher konkurrierender Kräfte, obwohl wir natürlich den Gesetzen der Natur unterworfen sind. Wir setzen uns wahrhaftig gute oder böse Ziele, die wir anstreben.

Äußere Bedingungen oder andere Menschen können unsere Wünsche vereiteln, wir können körperlich so eingeschränkt sein, daß wir effektiv keine Wahl haben – dennoch bleibt uns die Fähigkeit zur Wahl unbenommen, selbst wenn uns die Möglichkeit fehlt, diese Freiheit zu nutzen.

Folglich wird diese Freiheit dem Menschen zusammen mit seiner Menschlichkeit zuteil, sie ist das Fundament dieser Menschlichkeit, sie schafft den Menschen und zeichnet ihn innerhalb der Schöpfung aus.

Dabei gibt es keine Ursache, mit dem heiligen Augustinus und mit Kant anzunehmen, daß wir nur dann frei seien, wenn wir das Gute wählen, daß also unsere Freiheit durch den Inhalt der Wahl bestimmt werde und nicht durch die bloße Fähigkeit zu wählen. Eine solche Behauptung heißt, die eigenen Moralvorstellungen in den Begriff der Freiheit zu kleiden.

Wir sprechen aber noch von einer anderen Freiheit, die nicht in der Natur unseres Daseins liegt, sondern ein Ergebnis der Kultur, des Zusammenlebens, des Rechts ist. Freiheit in dieser Bedeutung bezieht sich auf jene menschlichen Handlungen, bei denen die Gesellschaft nichts verbietet und nichts gebietet, wo die Menschen also wählen können, etwas zu tun oder zu lassen, ohne sich der Gefahr von Repressionen auszusetzen. Freiheit in dieser Bedeutung läßt sich natürlich steigern, von ihr kann mehr oder weniger vorhanden sein, und an ihrem Ausmaß werden die verschiedenen politischen Ordnungen gemessen – angefangen bei solchen, in denen die Freiheit gegen Null tendiert, die also extrem totalitär sind (zum Beispiel das stalinistische Rußland, das maoistische China oder andere asiatische Kommunismen, ebenso das Dritte Reich), bis hin zu jenen, in denen Gebote und Verbote auf ein Minimum reduziert sind. Totalitäre Regimes haben den Ehrgeiz, alle menschlichen Aktivitäten zu lenken und nichts der Wahl des einzelnen zu überlassen. Tyrannische, aber nicht totalitäre Regimes wollen den Menschen die Freiheit auf all jenen Gebieten nehmen, auf denen sie zu einer Bedrohung ihrer Macht werden kann, in harmlosen Fragen hingegen erstreben sie keine totale Kontrolle, sie benötigen keine globale, allumfassende Ideologie.

Daraus erhellt, daß sich Freiheit in diesem Sinne zwar auf Null zurückschrauben läßt, nicht aber grenzenlos sein kann. Der hypothetische »Naturzustand«, den die Gesellschaftstheoretiker einstmals erörtert haben – jener Zustand, in dem es keine Gesetze, keine Regeln, keine Organisation des gemeinschaftlichen Lebens, sondern nur den permanenten Kampf aller gegen alle gibt –, dieser Zustand hat nie existiert, und wenn er existiert hätte, wäre er keineswegs ein Zustand grenzenloser Freiheit gewesen. Man könnte durchaus nicht sagen, in einer solchen Welt wäre »alles erlaubt« beziehungsweise »alles frei«, denn etwas kann durch Gesetz erlaubt sein oder nicht. Wo es kein Gesetz gibt, gibt es auch keine Freiheit, das Wort verliert seinen Sinn; anders gesagt, Freiheit ist in dieser Welt stets eingeschränkt. Robinson Crusoe hatte keine grenzenlose Freiheit, eigentlich überhaupt keine. Freiheit – mehr oder weniger – ist allein dort, wo etwas erlaubt und etwas verboten ist.

Wir sehen also, daß sich die beiden Bedeutungen des Wortes »Freiheit« sehr unterscheiden, so daß man Freiheit in dem einen Sinne haben, in dem anderen aber vermissen kann, daß beide Bedeutungen indessen so eng verwandt sind, daß es uns nicht stört, ein und dasselbe Wort zu gebrauchen, solange wir die Bedeutungen nicht vermengen. In beiden Fällen geht es um die Möglichkeit der Wahl: im letzteren um die situativen Bedingungen dieser Wahl, darum, was uns Gesellschaftsorganisation und Gesetze allgemein an

Möglichkeiten lassen; im ersteren um unsere eigenen geistigen Voraussetzungen zu wählen und zu schaffen, um die Tatsache, ob wir zum Wählen und Schaffen fähig sind, wiewohl diese unsere Fähigkeit nichts besagt im Hinblick auf die Güter, unter denen wir faktisch wählen können.

Zwei herkömmliche Fehler sollten vermieden werden, wenn von Freiheit die Rede ist. Den einen begehen wir, wenn wir alle Ansprüche und alle ersehnten Güter unter dem Begriff der Freiheit fassen. Es ist zwar nicht unangemessen zu sagen, man habe sich von Schmerz oder von Hunger »befreit«; doch obwohl es zu den elementarsten menschlichen Bedürfnissen gehört, keinen Schmerz und keinen Hunger zu leiden, so läßt sich dennoch nicht behaupten, man genieße eine besondere Art von Freiheit, wenn diese Bedürfnisse gestillt sind. In diesem Fall von »Freiheit« zu reden ist deshalb irreführend, weil es hier weder um den Bereich noch um die Chance der Wahl oder gar um die Schaffung von etwas geht. Der Schmerz ist vorüber, und das ist gut so, ihn zu stillen ist ein höchst begehrtes Gut; ein begehrtes Gut ist für den Hungrigen ein Apfel oder für den Ermatteten der Schlaf oder irgend etwas, das Menschen ersehnen. Das Stillen des Schmerzes oder das Essen eines Apfels ist allerdings keine Art von Freiheit, sondern vielmehr ein begehrtes Gut. So viele Menschen haben in unserem Jahrhundert und auch früher ihr Leben im Kampf um die wirkliche Freiheit hingegeben, daß unser Begriffssystem verdunkelt und das richtige Wort seines Nutzens beraubt würde, wenn man seine Bedeutung auf alles ausdehnte, was Menschen irgendwann und irgendwo erstrebt haben; denn dann wäre der Wortstamm durchschnitten. Die übliche Unterscheidung »Freiheit von etwas« und »Freiheit zu etwas« wäre überflüssig.

Der andere Fehler besteht in der Auffassung, Freiheit

in dem zweiten, dem rechtlichen Sinne habe keine Bedeutung, wenn die übrigen Bedürfnisse nicht erfüllt seien. Dieses Argument ist seinerzeit von den Verfechtern des Kommunismus unentwegt bemüht worden: »Was hilft es dem hungernden Arbeitslosen, daß es politische Freiheit im Staat gibt?« Es hilft durchaus. Zwar kann Hunger ein dringlicheres Gefühl sein als der Mangel an politischen Freiheiten, aber wenn diese Freiheiten existieren, dann haben die hungernden Arbeitslosen weit bessere Aussichten, ihr Schicksal zu verändern, sie können sich im Kampf um ihre Interessen verbünden und ihre Rechte einfordern, sofern sie sich benachteiligt fühlen.

Wenn es also unangemessen ist, den Besitz aller begehrten Güter mit Freiheit zu identifizieren (immerhin ist ein Konzentrationslager denkbar, in dem es keinen Hunger gibt, riskant aber wäre die Behauptung, dieses Lager sichere den Häftlingen gewisse Freiheiten, während eine liberale staatliche Ordnung andere gewähre), so gilt doch zweifelsfrei, daß Freiheit im rechtlichen Sinne ebenfalls ein höchst begehrtes Gut ist; sie bildet ein Gut an sich, und zwar nicht nur deshalb, weil sie Instrument und Bedingung zum Erwerb weiterer Güter ist.

Daraus ergibt sich nun keinesfalls, daß es um so besser sei, je mehr Freiheit (in eben diesem Sinne) existiere. Ein solches Prinzip darf nicht unbegrenzt gelten. Gewiß meinen die meisten von uns, daß zu Recht verschiedene Taten, die früher strafbar waren, heute – zumindest in zivilisierten Ländern – nicht mehr strafbar sind (zum Beispiel Hexerei oder Homosexualität). Kein vernünftiger Mensch aber fordert, die Freiheit zum Links- oder Rechtsverkehr einzuführen, je nachdem, wie es dem einzelnen gefällt. In manchen Ländern werden Stimmen laut, daß die Kinder in den Schulen zuviel Freiheit hätten, daß es zuwenig Disziplin gäbe und darunter sowohl das Unterrichtsniveau als auch die bürgerliche und moralische Erziehung litten. Es ist im übrigen gar nicht sicher, daß Kinder vom frühesten Alter an eine möglichst große Freiheit der Wahl wünschen, obwohl dieser Wunsch mit den Jahren zweifellos wächst; kleine Kinder sind in der Regel damit einverstanden, daß die Erwachsenen ihnen sagen, was sie tun und lassen sollen, sie verzichten auf die Freiheit der Wahl. Auch wir Erwachsenen überlassen in vielen Fällen anderen die Wahl; wir fühlen uns oft unsicher und vertrauen dem Rat von Experten, obgleich wir wissen, daß nicht alle Experten das Vertrauen verdienen. Wir wissen, daß eine gute Wahl oft von Sachkenntnis abhängt, und niemand kann sich rühmen, daß er in allen Dingen, die zu entscheiden sind, über ausreichendes Wissen verfügt. Wir haben die Freiheit, doch wo es um Dinge geht, mit denen wir uns nicht auskennen, nutzen wir sie nicht.

Kurz, es gibt keine allgemeingültige Regel, die bestimmt, wann uns mehr oder weniger Freiheit frommt. Manchmal meinen wir aus gutem Grund, daß wir zuviel statt zuwenig Freiheit haben und daß dies uns schaden kann. Gewiß ist es sicherer, wenn das Gesetz ein Übermaß anstatt einen Mangel an jener Freiheit erzeugt, die den Bürgern gewährt wird, aber auch diese Regel gilt nicht uneingeschränkt.

Vom Luxus

Wir gebrauchen mitunter das Wort »Luxus«, und sein Sinn scheint uns klar; wir wissen, was Äußerungen wie die folgenden bedeuten: »Diese Leute leben im Luxus, das Elend der anderen geht sie nichts an.« »Eine solche Luxuslimousine kann ich mir nicht leisten.« »Luxus ist tadelnswert, aber angenehm.« Wenn wir allerdings versuchen, den Begriff zu definieren, dann zeigt sich sofort, daß es unmöglich ist. Zuerst fällt uns ein, daß Luxus etwas ist, was die Menschen begehren, aber gar nicht benötigen, etwas, ohne das man sehr gut auskommen kann. Leben können wir, zum Beispiel, auch ohne Kunst, ohne Musik, ohne Literatur, ohne Wein, doch wir würden nicht sagen, daß der Gebrauch von Kunst, Musik, Literatur und Wein ein Leben in Luxus sei. Ungezählte Produkte der modernen Technik behandeln wir als beinahe naturgegeben, wir haben nicht den Eindruck, daß elektrisches Licht, der Fernsehapparat oder das Auto Anzeichen für ein luxuriöses Leben seien; wir wissen freilich, daß die Menschheit in ihrer Geschichte lange Zeit ohne diese Segnungen gelebt hat, daß sie folglich nicht notwendig sind; sie hat gelebt ohne Lesen und Schreiben und ohne eiserne Werkzeuge. Sollen wir sagen, daß wir diese Erfindungen nicht »wirklich« brauchen? Zum Überleben reicht die Befriedigung der physiologischen Grundbedürfnisse, man könnte also annehmen, alles darüber hinaus sei Luxus; den Luxus abzuschaffen hieße somit, in die Steinzeit zurückzukehren. Kaum jemanden würde diese Aussicht freuen, aber sicher hat jeder seine eigene, nebulöse Vorstellung von Luxus (als einer verwerflichen Sache): Luxus ist das, was nicht ich, sondern die anderen begehren; was ich möchte, gehört zu den »wirklichen« Bedürfnissen, andere Dinge kann man zwar begehren, notwendig aber sind sie nicht.

Gleichwohl ist leicht zu bemerken, daß die Unterscheidung zwischen dem, was wir begehren, und dem, was wir wirklich benötigen, völlig willkürlich, ja eigenmächtig ist. Nehmen wir an, ich wäre Besitzer eines Autos bescheidener Größe und hätte nicht das Gefühl, mehr zu brauchen. Mit welchem Recht und nach welchen Kriterien aber dürfte ich bestimmen, daß derjenige, der drei Autos hat (oder haben möchte), diese nicht wirklich benötigt? Daß der vermeintliche Bedarf ein Gelüst ist, eine Einbildung? Sollte man nicht besser sagen, daß die Leute das, was sie begehren, auch benötigen? Die gesamte Menschheitsentwicklung beruht ja darauf, daß neue Bedürfnisse und neue Arten zu ihrer Befriedigung entstehen. Wenn all diese Bedürfnisse Bestandteile der Kultur, nicht aber der Natur sind, dann kann sie der Verfechter einer Rückkehr zur Natur getrost als »künstlich« verwerfen. Nur wenige von uns aber würden seine Mahnungen erhören. Die Menschen haben lange ohne Autos und ohne Kühlschränke gelebt, da aber diese nützlichen Gegenstände jedem zugänglich geworden sind, können wir uns ein Leben ohne sie kaum noch vorstellen.

Ist also der Begriff Luxus unnütz und sinnlos? Nicht unbedingt. Vielleicht sollte man darüber nachdenken, ob es andere Kriterien gibt, die unserem traditionellen Empfinden in diesem Bereich entsprechen. Wo neue Bedürfnisse geweckt werden, entstehen neue Ungleichheiten. Manche Güter, die einst als luxuriös galten, werden zumindest in den wohlhabenderen Ländern allgemein zugänglich, andere nicht. Es ist nicht möglich, jedem ein Schloß an der Loire zu geben; man kann (theoretisch) eine anarchistische oder bolschewistische Revolution durchführen und sämtliche Schloßbesitzer an der Loire enteignen, aber dann werden die Schlösser anstatt adligen Familien den Sekretären der herrschenden Partei gehören; das ist bestimmt kein Gewinn, der Millionen von Toten lohnen würde, wie sie die Revolution erzeugt. Niemand bestreitet, daß man darüber nachdenken muß, wie das Schicksal der Armen zu verbessern, wie Hunger und elementarer Mangel zu bekämpfen wären. Doch hat es wohl keinen Sinn, gegen den Luxus zu kämpfen – wie immer wir ihn definieren – und die Abschaffung von Luxus als Ziel an sich zu betrachten; nicht die edle Idee der Gerechtigkeit würde diesen Kampf leiten, sondern der Neid. Andererseits ärgern uns Inseln des Luxus inmitten äußersten Elends.

Läßt sich Luxus unter der Voraussetzung bestimmen, daß es dabei nicht um seine Abschaffung, nicht um die Enteignung der Reichen geht, sondern allein um den begrifflichen Gewinn?

Nehmen wir ein Beispiel. Früher gab es nur mechanische Uhren, die Chronometer der Firma Patek-Philippe kosteten ein Vermögen und galten als die genauesten und zuverlässigsten der Welt. Heute ist eine beliebige Swatch-Uhr für 25 Dollar sicherlich genauso exakt wie eine Patek, doch Patek-Uhren kosten immer noch eine Unmenge und werden weiterhin verkauft. Es scheint also, der Vorzug der Uhr, nämlich die Zeit genau zu messen, sei ganz nebensächlich, es gehe gar nicht um die Funktion – die Zeitangabe –, sondern um etwas anderes. Warum kaufen die Leute Patek-Uhren? Um anderen zu zeigen, daß sie es sich leisten können? Um sich selbst pausenlos daran zu erinnern? Ein Beispiel von vielen. Die Super-Luxuswagen Jaguar oder Ferrari sind in mancherlei Hinsicht gewiß besser als ein bescheidener Ford, doch sie kosten 30- oder 50mal mehr, und es darf bezweifelt werden, daß sie um soviel besser sind. Oder: Angesichts der Fortschritte in der Reproduktionstechnik darf man erwarten, daß sich bald jeder zu Hause die Nachbildung eines van Gogh oder Vermeer hinhängen kann, welche mit dem Auge nicht vom Original zu unterscheiden ist; und doch werden die Bilder van Goghs weiterhin bei Auktionen auftauchen, und sehr reiche Leute werden Millionen dafür ausgeben. Snobismus? Vielleicht, aber ist es nicht so, daß jeder gern einen richtigen van Gogh anstelle einer tadellos ausgeführten Kopie besäße? Ist es nicht eine verbreitete Genugtuung, etwas Einmaliges, Authentisches zu besitzen? Und ist diese Genugtuung ausnahmslos zu verurteilen?

Die Bedürfnisse und Begierden der Menschen kennen, wie wir wissen, keine Grenzen, und deshalb ist eine »objektive« und universell gültige Definition des Luxus, so scheint es, unmöglich. Was Luxus ist oder nicht ist, das erweist sich erst im Bezug auf die jeweilige Zivilisation, auf die historischen Bedingungen, auf ein bestimmtes Land oder eine soziale Klasse. Die Begierde freilich, wenngleich moralisch verwerflich und für so viele Verbrechen verantwortlich, ist (neben der Faulheit) zugleich verantwortlich für die größten Errungenschaften menschlichen Schöpfergeistes, die unser Leben leichter, bequemer und luxuriöser (im moralisch neutralen Sinne) machen, wohingegen alle Versuche, die Begierden mit institutionellen Mitteln auszumerzen, in grenzenlosem Leid und Elend zu enden pflegen. Ungern erkennen wir diese nicht neue Wahrheit, lieber glauben wir, daß das moralisch Gute auch in jeder anderen Hinsicht gut ist. Doch etliche Philosophen – darunter Hegel und Leibniz – haben bemerkt, daß dem nicht so ist, und ebenso haben einige Theologen von den ungewollt heilsamen Folgen der

Erbsünde gesprochen. Die Kalvinisten haben den Luxus als Lebensweise verurteilt, sie haben die Verschwendungssucht verurteilt und die Unterschiede zwischen Reich und Arm im täglichen Umgang zu minimieren gesucht, nicht verurteilt aber haben sie das Ansammeln von Reichtümern, im Gegenteil, sie haben dazu ermuntert und folglich – ohne das Wort zu nennen – zur Begierde verführt. Die Katholiken haben die Begierde abstrakt verurteilt, nicht aber den Luxus als solchen, dessen treffliche Exempel die päpstlichen Paläste oftmals offenbarten. Die Worte Jesu an die Reichen werden heute kaum als Regeln zitiert, an die wir uns zu halten hätten.

Möglich sind jedoch andere Unterscheidungen. Patek-Uhren an sich sind teuer und nicht für die Mehrheit gedacht, aber sie sind in ihrer Kostbarkeit nicht herausfordernd; es sind keine Uhren für Parvenüs, denn diese mögen mit Diamanten besetzte Chronometer oder solche, bei denen der Reichtum anmaßend hervortritt. Patek-Uhren sind nicht anmaßend, sondern elegant, Eleganz aber erregt keinen Anstoß; sie ist schwer zu definieren, doch an Beispielen unschwer aufzuzeigen. Eine Frau mit dem Geschmack der Neureichen behängt sich mit Juwelen wie ein Christbaum, während eine elegante Frau sich in Maßen schmückt, ohne zu prahlen. Maß ist ein unerläßlicher Bestandteil der Eleganz, wie jeder zugeben wird. Ein Autor schreibt elegant, wenn er seinen Text von überflüssigen Floskeln freizuhalten und sich so auszudrücken vermag, daß der Leser das Gefühl hat, die Form passe vortrefflich zum Inhalt und dieser sei so unmißverständlich, wie es der Gegenstand verlangt. Was haben eine elegante Frau, ein elegantes Fußballspiel, ein elegantes Geschichtsbuch, eine elegante Fassade und ein eleganter mathematischer Beweis gemeinsam? Wohl vor allem das Maß, den Verzicht auf Prunk und eine Einfachheit, die bei anderen den Eindruck erweckt, daß Form und Inhalt glücklich harmonieren. Eleganz ist leicht auszumachen, sie ist gleichsam ein Ausdruck der Höflichkeit, während Anmaßung den Versuch darstellt, sich durch Demütigung anderer oder Zurschaustellung eigenen Reichtums zu erhöhen.

Aber damit reden wir nicht mehr von Luxus, vom Gebrauch »überflüssiger« Genugtuung oder Annehmlichkeit, denn es gibt keine universelle Definition des Überflüssigen. Wir reden vielmehr von einem Verhalten, das für Parvenüs charakteristisch ist und auf der anmaßenden Ausstellung von Reichtum beruht, was je nach Standpunkt des Beobachters Neid oder Spott hervorruft.

Von der Langeweile

Ich will versuchen, kurzweilig über die Langeweile zu schreiben. Kurzweilig, das heißt unter anderem: nicht zu lang. Die Frage nach der Langeweile ist weder langweilig noch belanglos, es geht dabei um eine allgemein bekannte Erfahrung, die gewöhnlich negativ wahrgenommen wird, und doch läßt sie sich nicht als Leiden bezeichnen (ausgenommen so extreme Fälle wie den künstlichen Reizentzug über längere Zeit bei psychologischen Experimenten).

Ähnlich wie ästhetische Eigenschaften ist die Langeweile eine Erscheinung, die eintritt, wenn sie empfunden wird, zugleich aber kann sie dem wahrgenommenen Gegenstand zugeschrieben werden und nicht nur demjenigen, der ihn wahrnimmt (»dieser Roman langweilt mich«, »dieser Roman ist langweilig«); sie eignet sich folglich, wie man hochtrabend sagt, zur »phänomenologischen« Anschauung.

Wenn wir bei der Umgangssprache bleiben, dann bemerken wir erstens sofort, daß wir Langeweile nur Ereignissen zuschreiben, die sich über einen gewissen Zeitraum erstrecken: Eine Theatervorstellung, ein Musikstück, eine historische Abhandlung, irgendeine Arbeit können langweilig sein; wir sprechen aber in der Regel nicht von einem langweiligen Gemälde, das wir mit einem Blick erfassen. Eine Landschaft ist langweilig, also eintönig, monoton, wenn wir sie für längere Zeit betrachten, zum Beispiel während einer Bahnfahrt durch eine verschneite Ebene. Aus der Sicht des Gegenstands ist Langeweile entweder die Wiederholung des immer gleichen oder das Chaos, das Fehlen von Artikulation und Sinn (doch müssen ein Roman oder ein Drama, die das Chaos der Welt zeigen, durchaus nicht langweilig sein: siehe »Ulysses« von Joyce, die Stücke Becketts und vieles andere). Aus der Sicht des Beobachters ist Langeweile die Unfähigkeit, etwas Neues zu gewärtigen, das Gefühl, in einer Welt zu verweilen (und sei es zeitweise), in der nichts geschieht, in der alles gleichbleibt oder, falls doch etwas geschieht, es dem Beobachter gleichgültig ist, so daß es scheint, als sei nichts geschehen.

Man könnte behaupten, daß an und für sich nichts langweilig sei, weil sich die Menschen in der Art ihrer Weltaneignung unterscheiden, das Gefühl für Langeweile aber von der Situation abhängt, insbesondere von früheren Erfahrungen. Ein durchaus interessanter Film wird langweilig, wenn wir ihn in kurzem Abstand zum zweitenmal sehen, weil das, was darin passiert, für uns schon vergangen ist. Selbst ein musikalisch nur wenig gebildeter Mensch wird ein Violinkonzert von Paganini oder Tschaikowski oder ein Klavierkonzert von Chopin nicht langweilig finden, langweilen aber könnten ihn einige Sinfonien von Brahms, während der Kenner, der diese Meinung oder dieses Gefühl nicht teilt, solchen Unverstand gewiß rügt. Mir kann ein historisches Werk Langeweile bereiten, das einen anderen begeistert, aber meine Reaktion erklärt sich daraus, daß das Thema in mir keinerlei Assoziationen weckt, daß ich keine Unterschiede erkenne, also auch nicht das Wichtige vom Unwichtigen, das Neue vom Alten und so weiter unterscheiden kann. Eine Tätigkeit, die jemand lange und routiniert ausführt und die ihm daher langweilig scheint, braucht es für einen Anfänger nicht zu sein. Schaffen wir uns künstliche Langeweile und lesen wir eine Stunde lang ein Buch in einer uns fremden Sprache; es kann sogar ein Krimi von Agatha Christie sein.

Innerhalb der Langeweile gibt es tatsächlich einen weiten Bereich, der gänzlich von unseren privaten Neigungen und Erfahrungen abhängt und bei dem keine Einmütigkeit herrscht. Die Frage, ob etwas »an und für sich« langweilig sein kann, ähnelt deshalb der Frage nach der ästhetischen Eigenschaft: Ist sie stets und ohne Ausnahme eine individuelle Projektion oder »in der Sache selbst« angelegt? In beiden Fällen gibt es partiell Übereinstimmung und Nichtübereinstimmung, das steht fest. Beide Male auch geht es um kulturell begründete Eigenschaften. Und vielleicht ist die Annahme gar nicht absurd, daß es sich bei der Wahrnehmung dieser Eigenschaften stets um das Zusammenwirken von Materie und Geist handelt, daß also die Frage wenig sinnvoll ist, was das Ursprüngliche war.

Wir meinen gewöhnlich, Langeweile sei nicht nur ein verbreitetes menschliches Phänomen – also nicht etwa das Privileg von Baudelaire oder Chateaubriand –, sondern sogar spezifisch menschlich, weil Tiere sie nicht empfänden (falls sie jedoch, wie wir uns vorstellen können, die Haushunde empfinden – aber woher wollen wir das wissen? –, dann haben sie es sicherlich von uns gelernt); wenn ihre physiologischen Bedürfnisse befriedigt sind und keine Bedrohung besteht, pflegen sie untätig dazuliegen, um nicht unnötig Energie zu verbrauchen, und es gibt keinen Grund anzunehmen, daß sie sich langweilen. Mehr noch, es ist unklar, wann und warum die Langeweile entstanden ist; ich glaube nicht, daß sie vor dem 19. Jahrhundert ein literarisches oder philosophisches Thema war (wenn ich mich irre, soll man mich korrigieren), obgleich das Wort bereits existierte. Ob die Bauern, die in ihren traditionellen, primitiven Dörfern von früh bis spät schufteten, um zu überleben, in ihrem täglichen Einerlei, immer am selben Ort, Langeweile verspürten? Ich weiß es nicht, aber ich stelle mir vor, daß selbst solch ein Schicksal, ohne die Chance zur Veränderung und beinahe zeitlos, nicht ständig ein Gefühl der Langeweile erzeugen mußte. Etwas geschah stets außerhalb der Routine: Kinder wurden geboren und starben, die Nachbarn begingen Ehebruch, es gab Gewitter, Dürreperioden, Überschwemmungen, Feuersbrünste; alle möglichen unvorhergesehenen, rätselhaften, bedrohlichen oder gedeihlichen Dinge ereigneten sich. Kurz, selbst in dieser scheinbaren Stagnation hatten die Menschen vermutlich den Eindruck, daß das Leben Zufällen ausgeliefert ist, die sich nicht vorhersagen lassen.

In der Tat kann Normalität, Monotonie im Leben langweilig erscheinen. Häufig hört man den Vorwurf, die Nachrichten in Rundfunk und Fernsehen seien überwiegend schlecht: Naturkatastrophen, Mord und Totschlag, Kriege, Grausamkeiten, Krisen. Die Antwort darauf lautet gewöhnlich, das müsse so sein, es sei ja auch in Wirklichkeit so: Wenn Jan auf der Straße erschlagen wird, dann ist das eine Nachricht, aber wenn Jan frühstückt, zur Arbeit geht und abends nach Hause kommt, dann ist das keine Nachricht, sondern langweilig; falls Jan sich scheiden läßt, ist das eine Nachricht für seine Bekannten, aber wenn er mit seiner Frau einträchtig lebt, dann ist das keine Nachricht, sondern langweilig. Eine Nachricht ist zufällig und wenig wahrscheinlich, doch der Zufall arbeitet meist gegen uns; das Zufällige ist überwiegend negativ, das Chaos der Welt steht nicht zu unseren Diensten. Die Geschichte der Menschheit ist ein Kampf gegen den Zufall, ein Ringen, ihn zu reduzieren; wenn der Zufall uns gemeinhin günstig wäre, brauchten wir ihn nicht zu bekämpfen. Es stimmt, wenn Jan im Lotto gewonnen hat, ist auch das eine Nachricht, und zwar eine gute Nachricht für Jan und eine schlechte für alle, die nicht gewonnen, wohl aber ein Los gekauft haben, damit Jan gewinnen konnte; letztlich also wieder eine schlechte Nachricht.

Die Glücklichen, die zum Beispiel einen Großteil ihres Lebens über Büchern verbringen, langweilen sich gewöhnlich nicht, das heißt, sie haben nicht das Gefühl, daß es ihnen an Neuigkeiten mangelt; sie wissen stets welche zu finden. Es könnte scheinen, als müsse sich der heutige Mensch nicht langweilen, weil fast jeder jederzeit Fernsehen, Rundfunk, Musik und andere Unterhaltung parat hat, wo man immer etwas Aufregendes entdecken kann. Indessen lesen wir, daß beispielsweise Jugendbanden in den Großstädten mancher Länder sinnlos wüten und zerstören, was ihnen in die Hände fällt, verprügeln, wen sie vorfinden, und sie begründen dies mit Langeweile. Ein spannender Film allein reicht anscheinend nicht aus; vermutlich weil es sich um passives Betrachten handelt, weil man das Gefühl der Fiktion nicht los wird und selbst unbeteiligt ist. Im Gegenteil, die faszinierenden Abenteuer der Fernsehhelden können die Langeweile, die Lust auf Unternehmungen und das Gefühl der Benachteiligung verstärken. Warum habe ich kein so interessantes Leben wie dieser unerschrockene Detektiv, warum bin ich nicht so reich wie Liz Taylor? Was fängt man mit dieser armen Jugend an, die keinen Hunger leidet und nicht barfuß geht, aber weder auf den Reichtum noch auf die fiktiven oder realen Abenteuer der Filmhelden zurückgreifen kann? Leicht gesagt, man müsse ihre instinktive Neugier und ihren Wissensdrang in eine »konstruktive« Richtung lenken, damit sie sich nicht in sinnloser Zerstörung und in kollektiver Ekstase auf Konzerten bei höllischer Lautstärke entladen. Denn wie wäre das zu bewerkstelligen?

Neugier ist eine menschliche Eigenart par excellence, ohne sie hätten wir uns nicht über das Tierreich erheben können; Neugier, also jener Instinkt, der uns zur

Erkenntnis der Welt um ihrer selbst willen treibt, unabhängig davon, ob unsere biologischen Bedürfnisse befriedigt werden oder ob wir Gefahren ausweichen wollen. Ähnlich wie im Fall der Langeweile kann ein Objekt »interessant« und der Geist »interessiert« sein, der auf dieses Objekt gerichtet ist; das eine existiert nicht ohne das andere. Da »interessiert sein« und »interessant sein« ebenso Gegensatz und Ergänzung sind wie »gelangweilt sein« und »langweilig sein«, darf man behaupten, daß die Langeweile der Preis ist, den wir dafür zahlen, daß wir neugierig zu sein vermögen; nichts wäre interessant, wenn nichts langweilig wäre. Anders gesagt: Langeweile ist ein Bestandteil unseres Menschseins. Oder: Die Tatsache, daß wir Langeweile empfinden, macht uns zu Menschen. Das Gefühl der Langeweile weckt natürlich das Bedürfnis, sie zu überwinden, und dieser Akt kann sowohl zerstörerisch als auch schöpferisch sein, wobei ersteres einfacher ist. Krieg ist entsetzlich, aber nicht langweilig, und jahrhundertelang war neben vielen anderen Ursachen die Kampfeslust daran beteiligt, die dem Überdruß entgegenwirkt.

Mehr noch, weil Wiederholung schnell langweilig wird, steht zu befürchten, daß die vorhandenen Reize als Quelle des Interesses sich zunehmend erschöpfen und wir daher nicht nur immer neue, sondern immer stärkere Reize benötigen, ähnlich wie die Drogensüchtigen. Wir wissen nicht, wohin das führen wird.

Ein Sonderfall des erörterten Phänomens ist der »langweilige Mensch«, jemand, der sich überaus schwer beschreiben läßt. Es ist nicht unbedingt einer, der sich stets wiederholt; eher einer, der kaum unterscheidet, was wichtig und unwichtig ist, der seine Erzählungen mit vielen überflüssigen und uninteressanten Details ausschmückt, dem Ironie und Humor abgehen, der sich nicht von Dingen lösen kann, die bei seiner Umgebung keine Reaktion hervorrufen, der schließlich bei anderen keine Gegenwirkung zu erzeugen vermag. Leidet er an der Unfähigkeit, in der Kommunikation Kontraste herzustellen? In diesem Sinne fiele er unter die allgemeine, hier vorgeschlagene Charakteristik der Langeweile. Überflüssig zu sagen, daß es nichts mit Bildung, nichts mit gutem oder schlechtem Charakter zu tun hat, ob jemand ein Langweiler ist oder nicht.

Die Utopie, also der Zustand vollkommenen Glücks, die Abwesenheit von Konflikten und Spannungen, bedeutete freilich, wenn sie sich verwirklichen ließe, das Ende der menschlichen Welt, das Versiegen der Neugier. Solange unsere Gattung sich treu bleibt, kann keine Utopie gelingen. Aber könnte man sich nicht das »Ende der Geschichte« in dem Sinne vorstellen, den jener japanische Amerikaner gemeint hat, mithin eine Welt, in der es keine vorstellbaren Alternativen zu den bestehenden politischen Institutionen, keine Kriege und keinen Mangel gibt, in der Kunst und Literatur absterben und allgemeine Langeweile einzieht? Diese Prophezeiung kümmert mich wenig, und sollte sie eintreten, dann wäre das baldige Ergebnis wohl weniger ewige Langeweile als vielmehr die verzweifelte Suche nach einem Ausweg, wie ihn die erwähnten Jugendbanden für sich entdecken: dem Trieb zur Zerstörung um ihrer selbst willen. Langeweile ist also, wie alle universellen Phänomene, lobenswert, aber zugleich gefährlich.

Mathematiker und Mystiker

Wie leicht wird jemand zum Gespött, der weder Mathematiker noch Mystiker ist und sich dennoch zu Betrachtungen über das Verhältnis zwischen Mathematik und Mystik hinreißen läßt. Zwar weiß ich einiges über die Geschichte der Mystik, aber eben nur indirekt, aus der Lektüre. Meine mathematische Ignoranz hingegen ist geradezu schamlos: Ohne einen Blick ins Lehrbuch wüßte ich nicht einmal mehr zu sagen, was ein Integral, ja selbst was ein Sinus ist, und obwohl ich mich ein bißchen für die Philosophie der Mathematik interessiert habe, so doch nur laienhaft und ohne jede fachliche Basis.

Auf der anderen Seite gibt es in der Mathematik eine Art metaphysischer Anziehungskraft, die mit Wissenschaft oder gar der Fähigkeit, Gleichungen zu lösen, nichts gemein hat, sondern – so seltsam es klingt – jener Kraft verwandt ist, die von den uns bekannten mystischen Erfahrungsberichten ausgeht. Das ist meines Erachtens kein Phantasieren über Dinge, von denen man nichts versteht. Wir erraten, daß sowohl in der Mathematik wie in der mystischen Erfahrung die Suche nach einer letzten Wirklichkeit lebendig ist, der Wunsch nach Kontakt mit etwas, das sich nicht erklären läßt. Die mathematischen und logischen Beziehungen scheinen die äußerste Grenze der physischen Realität zu sein, so wie Gott, auf den der Mystiker trifft, die äußerste Grenze der geistigen Realität bildet. Es scheint, als berührten wir in beiden Fällen etwas so Endgültiges, daß »dahinter« nichts mehr sein kann.

Seitdem jedoch die Pythagoreer, die vielleicht als erste – sowohl in der Doktrin wie im Handeln – die Einheit von Mathematik und Mystik verwirklichten, die Zahlen als »Grundlagen« oder sogar »Ursachen« beziehungsweise (wie Aristoteles sagt) Bestandteile der Dinge deklariert haben, ist in der Philosophie vielfach die Vermutung aufgetaucht, daß die mathematischen Beziehungen nicht nur eine selbständige, durch nichts gestützte Existenz aufwiesen, sondern daß sie sogar der eigentliche Stoff seien, aus dem die Welt »letztlich« bestehe, und daß alle physischen Erscheinungen daher nur sekundären oder abgeleiteten Charakter trügen.

Unter den Aristotelikern und unter den stärker empirisch orientierten Denkern im allgemeinen mußte eine solche Vermutung gewiß als Verirrung gelten; die der Erfahrung zugängliche Welt ist offenkundig real, und mathematische Begriffe sind nichts anderes als die unerläßlichen Instrumente, mit deren Hilfe diese Welt erforscht und beschrieben wird. Darin eine Art ursprünglicher Wirklichkeit der physischen Erscheinungen zu sehen, ist demnach nichts anderes als Aberglaube.

Die Schicksale der Ideen sind gleichwohl unerforschlich, und was einst als Aberglaube galt und längst begraben schien, kehrt mitunter ins Leben zurück. Die Physik Galileis, die vom Erbe des Aristoteles nur kümmerliche Reste übrigließ, konnte, wie uns Wissenschaftshistoriker versichern, unter anderem deshalb ihre umwälzende Rolle spielen, weil die Gelehrten von diesem Moment an wußten, daß Physik nicht der unmittelbare Bericht über ein Experiment ist noch sein kann, sondern mathematisch definierte Modelle schafft, die sich durch Erfahrung nicht überprüfen lassen. Der Erfolg der neuen Physik wurde für die Philosophie des 17. Jahrhunderts zu einem gewaltigen

Anreiz, in dessen Folge der Gedanke von der Unabhängigkeit und sogar »Ursprünglichkeit« der mathematischen Beziehungen – nicht nur in der Erkenntnis, sondern auch in der Existenz – neuerlich wiederkehrte. Hinweise auf eine solche Möglichkeit entdecken wir mehrfach bei Leibniz. Auch den heutigen Überlegungen zur Natur der physischen Welt ist dieser Gedanke nicht fremd; man findet darin die Vermutung, daß dem Universum, wie es der *Big Bang* hervorgebracht hat, womöglich die reine Mathematik zugrunde liegt.

Vielleicht. In diesem Falle haben wir es nicht mit einer wissenschaftlichen Fragestellung, sondern unvermeidlich mit Spekulation zu tun, mit deren Hilfe man zum Urstoff vordringen möchte.

Es scheint also, als sei die Mystik die Kehrseite desselben Bemühens. Anstatt rationale oder pseudorationale Schlußfolgerungen zu konstruieren, die uns zu Gott als dem höchsten Begriff oder dem unausweichlichen Endergebnis aller Überlegungen emporheben, kennen die Mystiker Gott als »Faktum« der Erfahrung, wenn man so sagen darf, als das unmittelbar Gegebene, nicht als Abstraktion, nicht als Resultat einer deduktiven oder induktiven Methode. Die Mathematik sublimiert die Abstraktion bis zu einem Punkt, an dem diese als letzte Realität der physischen Welt erscheint – die Mystik hingegen beseitigt jede Abstraktion und sublimiert die Erfahrung bis zu jenem Punkt, an dem sich das Erfahrbare mit der letzten Wirklichkeit trifft. Auf beiden Seiten beziehungsweise in beiden Bereichen menschlichen Handelns werden Körper, Raum und Zeit abgeschafft, zumindest in dem Sinne, in dem wir diese Kategorien aus täglicher Erfahrung kennen oder sie als die grundlegenden Determinanten dieser Erfahrung begrifflich festlegen. Wenn wir an die Grenze stoßen, verschwinden sie alle oder bleiben als

Erscheinung beziehungsweise Ausdruck dessen erhalten, was allein real, wahrhaft real ist. Gott ist zeitlos, raumlos und körperlos, und ebenso sind die mathematischen oder geometrischen Gebilde. Mathematik und Mystik – die eine wie die andere eröffnet uns einen Weg, auf dem wir, so scheint es, dem historischen Zufall unseres Daseins, der Zeitlichkeit, der räumlichen Begrenztheit und dem unsicheren, brüchigen Status unserer Körperlichkeit entfliehen können.

Können wir uns jedoch vorstellen, daß beide Wege irgendwann zusammentreffen? Laufen sie nicht vielmehr auseinander? Psychologisch scheinen sie weit voneinander entfernt; richtige Mystiker sind meist gleichgültig gegenüber weltlichem Wissen, die Mathematik eingeschlossen, und Mathematiker – ob sie an Gott glauben oder nicht – vermögen ihre Leistungen nie in die Erfahrung des Absoluten umzusetzen. Auch die pythagoreische Bewegung soll sich in zwei Richtungen gespalten haben – eine mystische und eine mathematische. Bei einigen spekulativen Mystikern neuplatonischer Orientierung – von Proklos bis Nikolaus von Kues – gewahren wir indessen Versuche, beide Wege zusammenzuführen.

In der Tat, wenn Gott das absolute Sein ist, dann müssen auch die ewigen Wahrheiten der Mathematik und der Logik entweder willkürlich durch ihn festgelegt worden oder mit ihm selbst identisch sein. Ich lasse die – übrigens äußerst interessante – traditionelle theologische Frage beiseite, ob Gott die Wahrheiten der Mathematik frei schafft, so daß sie – falls er es gewollt hätte – auch anders hätten lauten können, oder ob er sie fertig vorfindet, gewissermaßen als absolut bindende Regeln. Wie immer es sich verhalten mag, Gott ist oft als der größte Mathematiker dargestellt worden, und keiner der modernen Philosophen unterstreicht diesen Zusammenhang so nachdrücklich wie

Leibniz. Aber auch in dessen Verständnis kann Gott nicht nur ein idealer Rechenmeister sein, denn ansonsten würde er eher an einen gigantischen Computer erinnern als an den liebenden Vater der christlichen Tradition; um Gott zu sein, muß er auch Liebe und Güte sein.

Wenn der Held in Musils Roman, der womöglich Nietzscheaner oder Halb-Nietzscheaner ist, von der Moral der künftigen Menschen spricht, die sich in Mathematik und Mystik unterteile, dann stellt er nicht nur die herkömmliche Unterscheidung von Gut und Böse in Frage, sondern scheint diese als ein lebensfeindliches Phänomen pauschal abzulehnen. Andererseits redet er von einer »Moral«, die sich zunehmend in diese beiden Bestandteile zersetzen wird: in Mathematik und Mystik. Sich zersetzen, nicht zerfallen; das heißt, die Menschheit soll sich nicht etwa in die beiden Gattungen aufteilen – in Mystiker und Mathematiker –, sondern Mathematik und Mystik werden zwei Seiten unseres geistigen Lebens bilden und dieses so ausfüllen, daß für nichts anderes Raum bleibt.

Dann aber gibt es keinen Grund, überhaupt von Moral zu sprechen. Die Mathematik ist moralisch indifferent, auch der Teufel kann, so ist anzunehmen, ein vorzüglicher Mathematiker sein. Moral in der eigentlichen Bedeutung gründet auf der Unterscheidung von Gut und Böse, was darüber hinausreicht, ist moralisch leer.

Doch auch die Mystik – und hier liegt womöglich des Pudels Kern – steht außerhalb von Gut und Böse. Wenn die Mystiker, zumindest im europäischen Kulturkreis, Gott begegnen, dann mit Sicherheit als einer Quelle der Liebe, mehr noch, als der Liebe selbst. Bei einem Mystiker ist die eigene Liebe kein Affekt, keine Leidenschaft, sie ist vielmehr der Versuch, eine möglichst vollkommene Hingabe zu erreichen, in der die eigene Persönlichkeit aufgegeben wird, um sich mit dem Quell des Seins zu vereinigen. Diese Liebe oder dieses Streben nach Einheit mit Gott muß so allumfassend und so ausschließlich sein, daß die Liebe zu den Menschen wenn nicht verhindert, so doch auf ein zweitrangiges Gebot herabgestuft wird. Die Mystiker sagen: Gott hat uns befohlen, unseren Nächsten zu lieben, und wir müssen das Gebot natürlich befolgen. Weil aber Gott der einzige ist, der Liebe um seiner selbst willen verdient, und weil es eine Sünde ist, anderen Geschöpfen Ehre und Liebe um ihrer selbst willen zu erweisen, dürfen wir andere Menschen nur durch Vermittlung Gottes und um seinetwillen lieben.

Dies ist das merkwürdige Ergebnis des mystischen Geistes: Es sieht aus, als sei es Sünde, die Gefährten unseres Erdenweges, unsere Eltern und Kinder, unsere Freunde, unsere Brüder und Schwestern um ihrer selbst willen und ohne Berechnung zu lieben. Dieses Ergebnis scheint durchaus kein natürlicher Bestandteil christlichen Glaubens, welcher uns lehrt, daß der Mensch, obwohl von Gott geschaffen und an sich ohne Daseinsberechtigung, einen absoluten Wert an sich darstellt, und zwar sowohl in den Augen Gottes als auch der anderen Menschen. Doch bei den Mystikern wie bei den christlichen Rigoristen, darunter den Erasmianern (nehmen wir zum Beispiel den Dialog über den christlichen Glauben von Juan de Valdés), ist das Motiv häufig: Lebewesen um ihrer selbst willen zu lieben ist Sünde. Kurz: Die Mystik birgt die Gefahr in sich – vielleicht nicht mit absoluter Sicherheit, aber doch als Möglichkeit –, daß in der mystischen Begegnung mit Gott das Menschsein abhanden kommt, und zwar sowohl die menschliche Natur des Mystikers selbst, falls er danach strebt, sich in der Göttlichkeit aufzulösen, als auch die menschliche Natur unserer Nächsten, weil sie unwürdig sind, um ihrer selbst willen geliebt zu werden, und weil sie für uns keine selbständigen Liebesobjekte sind, so daß ihre Erwartung unserer Liebe unberechtigt, ja sogar sündhaft ist.

Die Antizipation einer Welt, in der wir zu einer solchen Metamorphose gelangten, wo uns nichts als die reine mathematische Intelligenz einerseits und der mystische Elan andererseits verblieben, wirkt zumindest unheimlich: Es wäre eine Welt, in der die Unterscheidung von Gut und Böse aufgehoben ist. Da aber die Menschheit, wie wir sie kennen, nicht zuletzt durch das Bewußtsein dieses Unterschieds geprägt, da die Fähigkeit zu dieser Unterscheidung ein unentbehrlicher Teil unserer Menschlichkeit ist, so würde die Welt, in der unser Geist alles dessen beraubt wäre, was nicht als mathematische Vernunft oder als mystisches Entzücken gelten kann, zu einer entmenschlichten Welt, in der es keine menschlichen Wesen im herkömmlichen Sinne mehr gäbe. Hoffen wir, daß eine solche Welt niemals errichtet wird.

Um Menschen zu bleiben, müssen wir die Zufälligkeit des Lebens als unsere normale Bestimmung annehmen, doch sowohl in der Mathematik als auch in Gott wird das Zufällige beseitigt. Unsere Zufälligkeit betrifft den Körper, die großen oder kleinen Sorgen und Freuden, den Schmerz und das Vergnügen, all die glücklichen und unglücklichen Ereignisse unseres Lebens. Von diesen Zufälligkeiten bliebe nichts, sie alle würden in der unaussprechlichen göttlichen Einheit und in den ewigen Wahrheiten der Mathematik ausgelöscht. Die Prophezeiung des Musilschen Helden würde, sollte sie wahr werden, das Ende unserer Welt bedeuten.

Nachwort

Erste Szene:

Im Herbst 1977 verleiht der Börsenverein des Deutschen Buchhandels seinen renommierten Friedenspreis an Leszek Kołakowski. Der Preis gilt »dem politischen Philosophen, der die Tradition der abendländischen Denker fortsetzt, der nie bereit ist, an die Unbelehrbarkeit der Menschen zu glauben, für den Offenheit des Denkens und Mut zur Wahrheit Voraussetzung aller gedanklichen Existenz ist. Weder zerstörerischer Fanatismus noch Resignation sind ihm Möglichkeiten der Wandlung. Leszek Kołakowski lehrt uns hoffen, daß Vernunft, Bereitschaft zum Dialog und Abkehr von Intoleranz zum friedlichen Ausgleich zwischen den Menschen und deren Ideologien und Dogmen führen wird.«

Zweite Szene:

Im November 1994 findet in Krakau ein wissenschaftlicher Kongreß statt, der unter dem Leitwort »Von Brzozowski zu Kołakowski« die Lage der polnischen Philosophie angesichts der historischen Umbrüche des 20. Jahrhunderts diskutiert.[1] Da Kołakowski selbst an

1 Stanisław Brzozowski (1878–1911), Philosoph und Literaturkritiker, dessen am Anfang des Jahrhunderts geschaffene Werke viele Töne anschlugen, die in den folgenden Jahrzehnten die Diskussion in Polen bestimmten: die Vereinbarkeit des individuellen Strebens mit den gesellschaftlichen Ansprüchen, der Kampf gegen den Nihilismus die An-

dem Kongreß nicht teilnehmen kann, wird er gebeten, etwas Zusammenfassendes über »seine Philosophie« in schriftlicher Form einzureichen. Kołakowskis Antwort fällt ungewöhnlich aus. In einem höflichen Brief stellt er fest, daß er eigentlich gar keine »eigene Philosophie« habe. »Natürlich interessiere ich mich für die Philosophie, und von Zeit zu Zeit schreibe ich auch etwas über sie, sei es in Form von verschiedenen Glossen am Rande historischer Überlegungen, sei es auch ganz unabhängig von diesen. Doch niemals hatte ich den Ehrgeiz, eine eigene Philosophie zu besitzen, die sich von allen anderen unterscheiden würde. Ich vermute auch, daß alles, was auf diesem Gebiet wichtig ist, schon längst gesagt ist. Darüber sollten wir nicht klagen, auch nicht darüber, daß unser unvermeidbares Schicksal das der Epigonen und unsere Arbeit nur ein Wiederholen ist – in der unserer Zivilisation gemäßen Sprache. Deshalb habe ich keine Philosophie, und ich habe auch nicht den Eindruck, daß ich eine brauche.«

Stellt man diese beiden, jeweils aus einem gewichtigen Anlaß verfertigten Zeugnisse einander gegenüber, so fällt es schwer, nicht an Kołakowskis 1959 geschriebenen Essay *Der Priester und der Narr* zu denken. Dort führt er das verwirrend bunte Treiben der Geistesgeschichte auf einen fortwährenden Antagonismus zurück: Es ist der Wettkampf zwischen den als »Wächter des Absoluten« verstandenen »Priestern« und den zweiflerischen »Narren«. Die Narren sind diejenigen, die ständig darüber nachsinnen, »ob nicht die entgegengesetzten Ideen recht haben«, es sind diejenigen, die sich im »Mißtrauen gegenüber der stabilisierten Welt« üben. Die Priester hingegen halten die Sehnsucht nach dem »Absoluten« wach und sind von der Notwendig-

näherung an den Begriff und die Wirklichkeit des Transzendenten.

keit des Ausgleichs aller Spannungen überzeugt, »wenn das Ganze nicht in die Luft fliegen soll«. Auch wenn sich Kołakowski zu jenem Zeitpunkt der Fraktion der philosophischen Narren verbunden fühlt, so ist er dennoch von der Existenzberechtigung der Priester überzeugt. Kultur lasse sich nur im Zustand eines – mehr oder weniger prekären – Gleichgewichts schaffen und aufrechterhalten, und hierfür sei das Anrennen gegen die jeweiligen Grenzen genauso notwendig wie das Wachen an den Grenzübergängen. Später wird Kołakowski diese Überzeugung in das einprägsame Bild kleiden: »Hätten nicht die neuen Generationen unaufhörlich gegen die ererbte Tradition revoltiert, würden wir noch heute in Höhlen leben; wenn die Revolte gegen die ererbte Tradition einmal universell würde, werden wir uns wieder in den Höhlen befinden.«

Wenn nun der seriöse Börsenverein des Deutschen Buchhandels Leszek Kołakowski als einen Philosophen preist, der um einen friedlichen Ausgleich zwischen den Menschen und deren Ideologien bemüht ist, preist er dann einen philosophischen Priester? Oder übersieht er einen Narren, wenn er einen Denker auszeichnet, der nach seinen eigenen Worten weder eine »Philosophie« habe noch eine brauche? Wichtige Hinweise für die Beantwortung dieser Fragen ergibt der Blick in Kołakowskis Biographie.

1927 in Radom, einer Industriestadt rund 100 Kilometer südlich von Warschau, geboren, beginnt er nach Kriegsende ein Philosophiestudium an der neugegründeten Universität in Łódź und wird Mitglied der kommunistischen Partei. Kołakowski entscheidet sich explizit für den Marxismus – ein Vorgang, der für einen jungen Studenten in jenen Jahren alles andere als selbstverständlich ist. Gleichwohl kann er für seine Wahl gute Gründe nennen. Der wichtigste: der Weltkrieg, der Polen und große Teile Europas so schrecklich verheerte. Mußte man nicht annehmen, daß das, was man unter einer bürgerlich-christlichen Kultur verstand, durch die Ereignisse des Krieges und des Völkermordes kompromittiert war, daß es nun galt, einen radikal neuen Weg zu gehen? Diesen Weg erblickt Kołakowski in der marxistischen Sozialutopie. Für ihn ist sie gleichbedeutend mit der ersehnten Gegenwelt des menschlichen Universalismus; eines Universalismus, der die Verengungen des Nationalismus, die Ausbeutung in den ökonomischen Verhältnissen und den Obskurantismus der Religion überwinden sollte.

Rund zehn Jahre lang kämpft der junge Student und spätere Assistent des einzigen »echten« polnischen Nachkriegsmarxisten, Adam Schaff, für den Aufbau der neuen Gesellschaftsform. Sein Stil läßt sich als prometheisch bezeichnen: Gepanzert mit der lichten Vision des Universalismus sagt Kołakowski allen Gruppen den Kampf an, die er im Dienste des Alten und Überholten stehen sieht. Hierzu zählen »idealistische« Philosophen genauso wie die einflußreiche, im polnischen Volksbewußtsein fest verwurzelte katholische Kirche. Doch bereits als Student erfährt Kołakowski, daß die Kluft zwischen der kommunistischen Vision und ihren Abbildern in der Realität erschreckend groß sein kann. In einem 1971 geführten Interview spricht er von »Unruhe«, die ihn und seine Freunde schon früh erfaßt: »Ich erinnere mich zum Beispiel an die greuliche Empfindung, die in uns die chauvinistischen und antisemitischen Elemente der Sowjetpropaganda 1949 geweckt haben. Dabei aber glaubten wir, daß es sich nur um zeitliche Fehltritte handle, die bald überwunden sein müßten.« Spätestens im Jahre 1956, als Chruschtschow bestätigt, daß George Orwells »Animal Farm« nicht lediglich die Ausgeburt einer antisowjetischen Phantasie darstellt, als sich die Bevölkerung Polens und Ungarns gegen die neuen Fürsten erhebt, geht dieser

Glaube verloren, und Kołakowski weiß, daß der kommunistische Götterhimmel leer ist. Auch wenn er zu einer prominenten Gestalt des »Revisionismus« wird und einige Jahre lang nach Möglichkeiten sucht, die marxistische Lehre moralisch und intellektuell zu regenerieren, so denkt er fortan aus der Defensive heraus, weiß eher zu sagen, was der Sozialismus *nicht* ist: »Ein Staat, der mehr Spione als Krankenschwestern und mehr Menschen im Gefängnis als in Spitälern hat.« »Ein Staat, in dem die Philosophen und die Schriftsteller immer das gleiche sagen wie die Minister und die Generäle, aber stets erst nach diesen.« In dem 1957 veröffentlichten Aufsatz *Verantwortung und Geschichte* nimmt Kołakowski endgültig Abschied von deterministischen Geschichtsphilosophien, die er als »sakral« bezeichnet und einer »peinlichen Kraftlosigkeit« dem Alltag gegenüber zeiht.

Seit 1959 ist Kołakowski Professor für Philosophiegeschichte in Warschau und liest, seiner Spezialisierung entsprechend, über die Philosophie des 17. Jahrhunderts, über Descartes, Spinoza und Pascal. Doch ist es nicht die universitäre Tätigkeit im engen Sinne des Wortes, die Kołakowski zu einem Leitstern der intellektuellen Szene Warschaus macht. Es ist seine Fähigkeit, die klassischen Themen der Philosophie auf ihren harten Kern zu reduzieren, sie in plastische Fragestellungen zu verwandeln, die zur Attraktion wird. Angesichts der Menschenmenge, die in den sechziger Jahren Kołakowskis öffentliche Vorlesungen besucht, stellt der Reporter einer Zeitschrift fest, daß »in Warschau nicht nur ein großes Bedürfnis nach Fernsehapparaten, Kühlschränken, Möbeln und Rindfleisch« existiere, sondern offensichtlich auch »eine große Nachfrage nach Philosophie«. Der Erfolg verführt Kołakowski zu keinem Zeitpunkt, ein Denken zu verbilligten Preisen anzubieten. Mögen seine Essays auch außergewöhnlich gut lesbar sein und griffige Titel wie *Lob der Inkonsequenz* oder *Ethik ohne Kodex* haben – ihr Gedankengang ist streng argumentativ und alles andere als erbaulich. Ja, in den ersten Jahren nach dem Abschied von den kommunistischen Hausgöttern betont Kołakowski die Tragik der menschlichen Existenz. Er betrachtet den »nackten Menschen«, der »niemandes Schutz« genießt und dessen Vernunft »sterblich« ist. Er postuliert den Menschen, der den Status der Infantilität verläßt, der sich seiner »totalen Verantwortung« bewußt ist und weder dem Wunsch nach dem großen Demiurgen noch nach Analgetika nachgibt. »Im ganzen Universum«, so Kołakowskis Urteil, »kann der Mensch keinen hinreichend tiefen Brunnen finden, auf dessen Grunde er, beugte er sich über ihn, nicht sein eigenes Gesicht entdecken würde.«

Eine solche Weltsicht stellt für Kołakowski kein Hindernis dar, in einen öffentlichen, gleichzeitig auch subtilen Dialog mit dem christlichen Denken und der in Polen dominierenden katholischen Kirche einzutreten. Mit Nüchternheit und Ehrfurcht nähert er sich hierbei den religiösen Phänomenen und ihren kirchlichen Ausprägungen, stellt überraschende Gemeinsamkeiten zwischen Gläubigen und Ungläubigen fest, ist aber dort zu keinerlei Nachsicht bereit, wo er Denkfaulheit oder freiheitsbedrohende Tendenzen vermutet. Zu einem ersten Meilenstein dieses Dialogs wird Kołakowskis 1965 veröffentlichter Essay *Jesus Christus – Prophet und Reformator*, in dem er die bleibende Gegenwart Jesu auch in einer säkularen Kultur postuliert: »Man kann nicht ohne gründliche Unterbrechung des geistigen Lebens die Gestalt eines Menschen nichtexistent machen, der jahrhundertelang nicht einfach ein Lehrer von Dogmen, sondern Beispiel der vortrefflichsten Werte der Menschen war; in seiner Persönlichkeit verkörperte er nämlich die Fähigkeit, mit voller Stimme seine Wahrheit zum Ausdruck zu bringen, die Fähigkeit, sie bis zum Ende und ohne Kompromisse zu verteidigen, und die Fähigkeit zu einem letzten Widerstand gegen den starken Druck der Wirklichkeit, die ihn nicht annimmt. Er lehrte, wie man sich selbst und der Welt, ohne zur Gewalt Zuflucht zu nehmen, die Stirn bieten kann. Er war also ein Beispiel für jene radikale Authentizität, in der jedes menschliche Individuum die eigenen Werte des Lebens allererst wahrhaftig verwirklichen kann.« Der so eröffnete Dialog dauert bis heute an – und er veränderte alle Beteiligten. Als Philosoph will und kann Kołakowski keine »Gretchenfragen« beantworten. Doch jeder Leser seiner kulturkritischen Essays der letzten drei Jahrzehnte oder der glänzenden Studie *Falls es keinen Gott gibt* wird leicht merken, daß Kołakowski die fortschreitende Säkularisierung der abendländischen Kultur mit Sorge, nicht etwa mit Erleichterung betrachtet.

Als der Warschauer Denker Ende 1968 Polen als ein »Emigrant mit einem gültigen Paß« verläßt, bewahrt ihn seine Berühmtheit vor einem tristen Emigrantendasein. Nach kurzen Aufenthalten in Kanada und in den USA wird er Professor am ehrwürdigen All Souls College in Oxford. Diese Tätigkeit läßt ihm genügend Freiräume für eine reiche publizistische Tätigkeit. Neben seinem monumentalen, in viele Sprachen übersetzten Werk *Die Hauptströmungen des Marxismus* veröffentlicht er eine große Anzahl von Essays, in denen er von seinen »Sorgen« spricht, in denen er aber auch das lobt, was ihm des Lobes würdig erscheint. *Die Moderne auf der Anklagebank* heißt nicht zufällig eine Sammlung wichtiger Essays aus den achtziger Jahren. Gleichzeitig jedoch kann der aufmerksame Kołakowski-Leser immer wieder Zeugnisse entdecken, die von der Hoffnung, von der menschlichen Würde und dem notwendigen Kampf gegen die Lüge erzählen. Wer nach dem prinzipiellen Richtmaß sucht, das Kołakowski hierbei anwendet, kann auf die bewegenden Schlußsätze aus *Der Priester und der Narr* verwiesen werden: »Es geht uns um die Vision einer Welt, in der die am schwersten zu vereinbarenden Elemente menschlichen Handelns miteinander verbunden sind, kurz, es geht uns um Güte ohne Nachsicht, Mut ohne Fanatismus, Intelligenz ohne Verzweiflung und Hoffnung ohne Verblendung. Alle anderen Früchte des philosophischen Denkens sind unwichtig.«

Kann so ein »Narr« sprechen? Durchaus. Der echte Narr ist alles andere als ein Liebhaber der Zerstreuung oder des Nichtigen. Der echte Narr liebt es vielmehr, den Fanatikern einen Spiegel vorzuhalten, jenen, die sich selbst nicht mißtrauen und ihre eigenen Anmaßungen mit dem Stempel der Unfehlbarkeit versehen. Der echte Narr kann zudem zu sich selbst in Distanz gehen, wohl wissend, daß dies der sicherste Weg ist, dem Wahn und der Lächerlichkeit zu entgehen. In diesem Sinne läßt sich Kołakowski als Angehöriger der philosophischen Narren verstehen. Freilich ist seine Narretei keine unbeschwerte. Zu sehr lastet auf ihm die Erfahrung unseres Jahrhunderts; die Erfahrung, daß Güte allzu häufig Stärke provoziert, daß sich Mut vom Fanatismus mißbrauchen läßt und Hoffnung nicht selten nur durch ein Wegschauen aufrechterhalten werden kann.

Der Leser, der sich in die *Mini-Traktate über Maxi-Themen*[2] vertieft, bekommt sehr schnell einen Eindruck von dem, was als »Kołakowski-Stil« bekannt ist.

2 Die meisten der Essays wurden ursprünglich als »Vorträge« für das polnische Fernsehen verfaßt. »Über die Langeweile« und »Mathematiker und Mystiker« schrieb Kołakowski aus anderen Anlässen, doch fügen sie sich nach seinen eigenen Worten in das Ganze ein.

Es ist die Kunst, anschaulich und mit wenigen Worten das Thema zu skizzieren, mit lebhaften Pro- und Contra-Argumenten den Kern der Fragestellung zu erreichen und schließlich mit einer wirkungsvollen Wendung die »letzte« Konsequenz für die eine und für die andere Seite aufzuzeigen. Nein, Kołakowski kann selbstverständlich keine »Lösungen« für die vertrackten Probleme unseres öffentlichen oder privaten Lebens bieten. Doch seine Betrachtungen über die *Macht* und über die *Lüge*, über die *Freiheit* und über die *Gleichheit* entlassen den Leser reicher: Er nimmt an der Lebenserfahrung eines Philosophen teil, dem das denkerische Bemühen »ewiges Brot ist, das auf dem Feld der Niederlage wächst«. Nimmt man dieses Wort ernst, so hat Kołakowski in der Tat »keine Philosophie«. Sein Werk jedoch ist ein andauernder Versuch, den Status einiger der uns bedrängenden, »ewigen« Nöte zu erhellen – nicht mehr, aber auch nicht weniger. »Das übrige läßt sich nicht sagen. Das übrige muß man tun.«

Christian Heidrich

RECLAM-BIBLIOTHEK

Mythos Narziß

Texte von Ovid bis Jacques Lacan

Herausgegeben von Almut-Barbara Renger
320 Seiten. Mit 26 Abbildungen. RBL 1661. 24,– DM
ISBN 3-379-01661-6

Die Nymphe Echo verliebt sich in den schönen Jüngling Narziß, der sie zurückweist. Nemesis straft ihn für die Grausamkeit: Narziß muß sich in unbefriedigter Liebe zu seinem Spiegelbild verzehren. Diese Version des alten griechischen Mythos überliefert Ovid in seinen »Metamorphosen«. Doch Mythen sind vieldeutig. Die in diesem Band versammelten Texte belegen es ein weiteres Mal.
Als Symbol hoffnungsloser Liebe erscheint Narziß in Dichtungen des Mittelalters und der Renaissance. Im 17. Jahrhundert figurieren Narziß und Echo als Beispiele für die Torheit von Liebenden. Doch bereits den Romantikern dient der Mythos modellhaft zur Beschreibung von Poesie. Narziß gilt ihnen als Bild des Dichters schlechthin. Seine in sich abgeschlossene Existenz wird von nun an kritischer Wertung unterzogen, liebeskalte Ich-Bezogenheit facettenreich thematisiert: Rilke, Valéry, Trakl, später Marie Luise Kaschnitz, Karl Krolow, Inge Müller nehmen Narziß als Metapher individueller und gesellschaftlicher Befindlichkeit wahr. Mit Sigmund Freud, Lou Andreas-Salomé, Erich Fromm, Jacques Lacan geht der »Fall Narziß« in die modernen Theorien vom Ich ein.

Panta rhei

Der Fluß und seine Bilder

Ein kulturgeschichtliches Lesebuch

Herausgegeben von Ute Seiderer
319 Seiten. Mit 17 Abbildungen. RBL 1677. 24,– DM
ISBN 3-379-01677-2

Was immer Flüsse dem Menschen bedeutet haben – es hat seinen Niederschlag gefunden bei Philosophen und Historikern, bei Dichtern und Essayisten. Sie führen den Leser dieser Anthologie an Initiations- und Inspirationsquellen, an Grenzflüsse und an heilige Flüsse, sie zeigen den Fluß als Lebenselixier und Erotikon, aber auch seine todbringende Gewalt.

Der Blick auf Natur ist zeitbedingt. Daß Flüsse in der Literatur der deutschen Klassik vornehmlich brausen und fast überschäumen, während sie ein Jahrhundert später ruhig dahinziehen, oder daß Bäche bei den Romantikern murmeln und plätschern, in barocken Zeiten hingegen hüpfen und springen – dies offenbart höchst unterschiedliche Denkweisen und Empfindungswelten ganzer Epochen. Die stinkenden Kanäle und versickernden Flüsse in der Literatur des beginnenden 20. Jahrhunderts stehen dagegen in verwunderlicher Nachbarschaft zu Leonardo da Vincis apokalyptischer Vision von der Austrocknung unterirdischer Wasserwege. Panta rhei: Alles fließt. – Aber wie?